Birgit Fenderl

Was uns zusammenhält

Bekannte Persönlichkeiten
über ihre Freundschaften

Alle Fotos: Marnie Wilkinson
Bis auf 66: Ali Schafler/First Look/picturedesk.com und S. 216: Adrian Rigele

Danke, dass Sie sich für unser Buch entschieden haben! Sie wollen mehr über unsere Bücher erfahren und über unser Programm auf dem Laufenden bleiben? Befreunden Sie sich mit uns auf Facebook, folgen Sie uns auf Instagram und TikTok und abonnieren Sie unseren Newsletter.

1. Auflage 2023

ISBN 978-3-8000-7845-5

Coverillustration: © AdobeStock
Umschlaggestaltung: Saskia Beck, s-stern.com
Satz: Lisa Wilfinger, Carl Ueberreuter Verlag GmbH
Druck und Bindung: Imprint d. o. o., Ljubljana

Für Kathi

INHALT

Eine Art Liebesbeziehung 9

Johann Wolfgang von Goethe & Friedrich Schiller
Konkurrenten und Freunde 19

Erika Pluhar & Anna Dangel
Der Name war die Initialzündung 24

Heinz Fischer & John Sailer
Volksschulfreunde 35

Haya Molcho & Ellen Lewis
Gemeinsam lachen und weinen 49

Hans Krankl & Herbert Prohaska
Der Opitz und der Zwirschina 62

Birgit Denk & Alexandra Barcelli
Thelma und Louise 74

Gabi Hiller & Philipp Hansa
Zu hundert Prozent befreundet 87

Gespräch mit Lisz Hirn
Freundschaft – Eine Frage der Definition 99

Anneliese Rohrer & Susan Buckland
Grüne Tomaten 116

Birgit Braunrath & Guido Tartarotti
Mit eisernem Willen 127

Paul Sevelda & Ursula Denison
Freundschaft hat keinen Jahrestag 137

Markus Freistätter & Susanne Auzinger
Genussvoll und harmonisch 151

Gespräch mit Cristina Budroni
Freundschaft ist die Schwester der Liebe 162

Alain Weissgerber & Michael Lentsch
Vom Gast zum Freund 175

Hannah Lessing & Michaela Ernst
Nur wir zwei 186

Arash T. Riahi, Arman T. Riahi & Azadeh T. Riahi
Geschwister und Freunde 200

EINE ART LIEBESBEZIEHUNG

Sie stärkt unser Immunsystem, reduziert Stress und fördert unser Wohlbefinden ganz im Allgemeinen. Und sie ist definitiv eine der wichtigsten Ingredienzien für ein erfülltes Leben, auch wenn sie in Abgrenzung zu Paarbeziehung oder Familie gar nicht so einfach zu definieren ist: die Freundschaft.

In der Art, wie wir Freundschaften heute verstehen und leben, ist sie außerdem ein relativ junges Pflänzchen, kennt die Menschheit doch seit erst knapp 300 Jahren Freundschaften im Sinne von Seelenverwandtschaften. Und noch etwas: Historisch gesehen war Freundschaft die meiste Zeit ausschließlich Männersache – von der Antike über das Mittelalter bis zur Aufklärung, als erst langsam mit dem Vorurteil aufgeräumt wurde, dass Frauen unfähig zu Freundschaft seien. Was Frauen heutzutage gerne ihren Männern vorhalten, die ihrer Meinung nach oft nicht besonders freundschaftsbegabt sind, ganz im Gegensatz zu ihrem eigenen Geschlecht, da sich Frauen längst als die Besseren in dieser zwischenmenschlichen Disziplin empfinden. Es ist also mit Freundschaft wie mit vielem im Leben, und wie einst ein österreichischer Bundeskanzler so trefflich formulierte: Es ist kompliziert!

Aber es ist wunderschön, manchmal lebensnotwendig und immer etwas ganz Besonderes, wenn sich zwei oder mehrere Menschen freundschaftlich zugetan sind. „Eine Seele in zwei Körpern", wie einst Aristoteles formulierte, von Kindheit an oder erst im reiferen Alter entstanden. Im Internet-Zeitalter und in Krisenzeiten auf die Probe gestellt, soll die Freundschaft in diesem Buch hochgehalten und gefeiert werden! Mit Geschichten über großartige, unterschiedlichste und überraschende Freundschaften, in denen Sie, geschätzte Leserinnen und Leser, so manche bekannte Persönlichkeit von einer ganz neuen Seite kennenlernen werden. Doch lassen sie uns zuvor noch ein wenig gemeinsam über Freundschaft per se nachdenken.

Was bedeutet Freundschaft?

Seit wann gibt es eigentlich den Begriff „Freundschaft" oder was verstand man ursprünglich darunter? „Historisch gesehen lässt sich kein genauer Zeitpunkt festmachen, ab wann Freundschaft begann, als solche bezeichnet zu werden", antwortet die Wiener Soziologin Barbara Rothmüller, „und es ist ja auch die Frage, inwiefern sich Freundschaft zum Beispiel aus Kameradschaft entwickelte. Kameradschaft ist ein älteres Konzept, das wir heute eher zurückhaltend verwenden. Inwiefern und wodurch sich wiederum Kameradschaft und Freundschaft abgrenzen lassen, ist auch nicht so einfach. Kameradschaft bedeutete auch gemeinsame Wander- oder Ausbildungsjahre von Handwerkern.
Solche Jahre haben die Menschen zusammengeschweißt. Oder auch gemeinsame Erfahrungen im Krieg, womit wir den Begriff Kamerad am meisten assoziieren. Alles alte Konzepte, die sich meist auf Männerfreundschaften beziehen. Frauenfreundschaften sind historisch noch einmal anders zu sehen, weil Frauen weniger im öffentlichen Raum involviert waren und dadurch auch weniger Möglichkeiten hatten, Freundschaften zu pflegen", meint Rothmüller.

Die bekannte Philosophin Lisz Hirn wiederum, die später im Buch viel Spannendes über Freundschaft erzählen wird, sagt zum Wort „Freundschaft" Folgendes: „Woher es stammt, dazu gibt es mehrere Ansätze, aber ich finde die etymologische Wurzel schön: zwischen ‚Frei' und ‚Freund'. Das hat mir sehr zu denken gegeben, nämlich auch, was eine Freundschaft beiden oder mehreren gewähren kann. Nämlich dieses Gefühl, vertraut zu sein, sich frei bewegen zu können, frei sagen zu können, was einem auf dem Herzen liegt et cetera. Es ist also eine ganz besondere Beziehung, die eigentlich die freieste aller möglichen Beziehungen ist." Was wiederum nicht auf alle Freundschaften zutreffen muss, denkt man zum Beispiel an die berühmte Freunderlwirtschaft in der Politik, wobei wir uns hier schon recht weit weg vom dem bewegen, was wir eigentlich unter Freundschaft verstehen.

Bei den alten Römern zeigt sich die Nähe zwischen Freundschaft und Liebe sprachlich gesehen wohl am deutlichsten, versteckt sich doch in „amica" oder „amicus" ganz eindeutig „amor". Wobei man unter Freundschaft in dieser Zeit etwas anderes verstand als heute.

Von Zweckgemeinschaften zu Seelenverwandten

Ausnahmen bestätigen selbstverständlich die Regel, generell gesprochen lässt sich aber eindeutig feststellen, dass Freundschaften bei den alten Römern oder Griechen in erster Linie Zweckgemeinschaften bedeuteten. Freundschaft war ein Thema des öffentlichen Lebens, gemeinsame Inhalte oder Interessen standen im Vordergrund, auch wenn Sokrates, Platon, Aristoteles und Co. auf der Suche nach dem Sinn auch die Freundschaft unter die Lupe nahmen und viele bis heute wichtige Definitionen von Freundschaften hinterließen, die auch in diesem Buch eine Rolle spielen werden.

Wenn im alten Rom von „amicitia" die Rede war, war damit eine freundschaftliche Beziehung gemeint, wie man sie heute unter politischen Weggefährten kennt; der Begriff wurde für eine Beziehung zwischen gleichrangigen, hochgestellten Personen der Gesellschaft verwendet. Für eine Freundschaft im persönlichen Sinne benutzte man „familiaris", also dem Haus zugehörig, auf die Familie bezogen.

Bis sich Freundschaften außerhalb des eigenen Hauses entwickelten, sollte es bis zum 18. Jahrhundert dauern, als die Menschen, besser gesagt die Männer, sich in Salons zu treffen begannen, um Zeit miteinander zu verbringen, Beziehungen zueinander zu pflegen. Die Trennung zwischen Arbeit und Privatleben war bis dahin eher unbekannt und dass Frauen überhaupt dazu fähig sind, miteinander befreundet zu sein, galt noch zu Goethes und Schillers Zeiten als nahezu unvorstellbar.

Prototypen der neuen zwischenmenschlichen Beziehungsform waren Männer wie die beiden Giganten der Weltliteratur, deren gemeinsame Geschichte oft auch als Geburtsstunde der modernen Freundschaft gesehen wird. Frauen holten in den letzten Jahrhunderten in puncto Freundschaft übrigens rasant auf, erkämpften sich mit dem Recht auf ein unabhängiges Leben auch ein eigenständiges Sozialleben. Freundschaft gilt inzwischen als Frauendomäne. Beziehungsweise *galt*, denn junge Männer legen auf Freundschaften mittlerweile ähnlich viel Wert wie Frauen, was wiederum mit der, wenn auch langsam, aber doch, fortschreitenden Gleichberechtigung zwischen den Geschlechtern zu erklären sei, meint die Psychotherapeutin Cristina Budroni, die in diesem Buch nicht nur Spannendes zum Thema Psyche und Freundschaft, sondern auch zu Freundschaftsbegriff und kulturellem Background zu berichten weiß.

Große Freundschaftsgeschichten in allen Epochen

Wenn man unter Freundschaft also heute etwas anderes versteht als in anderen geschichtlichen Epochen: Große Freundschaftsgeschichten kennen wir aus allen Jahrhunderten und den unterschiedlichsten Bereichen. Goethe und Schiller in der Literatur, Wolfgang Amadeus Mozart und der um 24 Jahre ältere Joseph Haydn in der Musik. Kaiserin Maria Theresia und ihre Hofdame Sophie Baronin Schack von Schackenburg in der Politik; eine

Freundschaft, die mehr als 30 Jahre dauerte und in unzähligen, erst vor einigen Jahren veröffentlichen Briefen nachzulesen ist. Ob Che Guevara und Fidel Castro, Lady Diana und Elton John oder die TV-Moderatoren Thomas Gottschalk und Günther Jauch, sie alle zeigten oder zeigen auch mal gerne öffentlich, wie wichtig es ihnen ist, miteinander befreundet zu sein.

Andere wiederum halten an Freundschaften fest, selbst wenn diese politisch oder, wie viele meinen, auch moralisch eigentlich nicht mehr möglich sind, wie der ehemalige deutsche Bundeskanzler und SPD-Vorsitzende Gerhard Schröder an Russlands Präsident Vladimir Putin auch nach dessen Angriffskrieg gegen die Ukraine. Freundschaft ist eben auch Geschmacksache.

Wahlverwandtschaften

Mit seinem Bonmot „Freunde sind Gottes Entschuldigung für Verwandte“ brachte der irische Dramatiker und Literaturnobelpreisträger George Bernhard Shaw die Bedeutung unserer Freundschaften schon vor fast 100 Jahren auf den Punkt. In Zeiten dysfunktionaler Familien sind diese inzwischen dabei, der Familie als soziale Referenzgruppe den Rang abzulaufen. Beziehungen und damit auch Familien vergehen – Freundschaften bleiben, das gilt zunehmend für überdurchschnittlich gut gebildete und in Städten lebende Menschen. Wobei man diesen Trend auch nicht überschätzen sollte. Gerade in Krisenzeiten gewinnt die Familie wieder an Wert, das zeigte sich auch in einer Studie zu den sozialen Auswirkungen der ersten Lockdowns in der Coronazeit, die Soziologin Barbara Rothmüller im Frühjahr 2020 an der Wiener Sigmund Freud PrivatUniversität durchführte.

„Bei jüngeren Menschen haben FreundInnen sicher einen anderen Stellenwert als bei älteren, aber ich würde das nicht überbewerten. Das ist teilweise mehr ein Diskurs als eine Praxis. Über die Jahre kann man dann doch oft beobachten, dass Freundschaften auch eher Gelegenheitsfreundschaften sind, die sich auch wieder auflösen. Gerade in der Pandemie – das war ein Ergebnis meiner Forschung, das mich überraschte – zeigte sich, wie tragfähig intime Liebesbeziehungen und auch Familien in Krisenzeiten waren und wie schnell FreundInnen in den Hintergrund rücken konnten." Freundschaften waren laut dieser und anderer Studien die großen Verlierer der Pandemie. Das bestätigte auch eine im Juni 2022 groß angelegte Studie des Meinungsforschungsinstituts Integral, wonach jede/jeder Fünfte wegen unterschiedlicher Meinungen zu Corona FreundInnen verlor.

Das Konzept, dass freundschaftliche Wahlverwandtschaften zunehmend das soziale Gefüge unserer Gesellschaft bestimmen, kam durch Corona also ordentlich ins Wanken. Wobei es hier auch völlig neue Ansätze gibt. So verfasste der französische Philosoph und Soziologe Geoffroy de Lagasnerie jüngst ein flammendes Plädoyer dafür, Freundschaften gesellschaftlich wichtiger zu nehmen, was seiner Meinung nach auch inkludiert, dass der Staat Freundschaften so wie Ehen fördern solle.

In „3 – Ein Leben außerhalb – Lob der Freundschaft"* stellt er unsere institutionalisierte Idee, das Leben in Zyklen zu gestalten, also von Kindheit über Ausbildung zu Beziehung und Familiengründung und so weiter, in Frage und setzt sich dafür ein, das Leben freier anzulegen. Und er stellt in seinen Überlegungen Freundschaften über Liebesbeziehungen, da seiner Meinung nach Liebe zwischen FreundInnen bedingungsloser sei als zwischen PartnerInnen. Wie auch immer: Dass Freundschaften für uns enorm wichtig sind, zeigt auch ein Blick in Literatur und Film.

---

* November 2023 im S. Fischer Verlag

Friends

Die preisgekrönte US-amerikanische Sitcom „Friends“ prägte maßgeblich ein neues Bild von Freundschaften. Freunde gehen hier gemeinsam durchs Leben wie einst Familien – durch Lebenskrisen genauso wie durch die schönsten Momente. Zehn Jahre lang begeisterten die Geschichten dieser „Friends“ zwischen 1994 und 2004 ein internationales Millionenpublikum. 2021 kamen die Hauptdarsteller in „The Reunion“ noch einmal zusammen, womit „Friends“ eine der wenigen Serien wurde, die auch generationenübergreifend funktioniert.

Ältere Jahrgänge begeisterten in ihrer Jugend Freundschaften wie die zwischen Pippi Langstrumpf und Anika oder Tom Sawyer und Huckleberry Finn, für viele von uns prägte Saint-Exupéry mit „Der kleine Prinz“ ein Freundschaftsideal. Ob klassische Literatur, Theater oder Filme – ohne berührende Freundschaftsgeschichte kommt kein guter Plot aus, auch wenn in Filmen FreundInnen oft Nebenfiguren sind, die helfen, die Hauptgeschichte zu erzählen, wie die österreichischen Star-Regisseure Arash und Arman T. Riahi meinen, die in diesem Buch darüber erzählen, warum ihre beste Freundschaft in der Familie blieb.

Zusammenhalten und pflegen

Ob George Clooney und Brad Pitt oder Jennifer Aniston und Adam Sandler – auch in Hollywood gibt es immer wieder FreundInnen, die gemeinsam der harten Konkurrenz trotzen, sich nicht auseinanderdividieren lassen. Freundschaft als eine Art psychologische Lebensversicherung, die uns erwiesenermaßen auch gesund hält und länger leben lässt. Gerade im Alter haben gute soziale Kontakte einen wesentlichen Einfluss auf unsere Gesundheit – Einsamkeit macht krank, FreundInnen halten gesund, oft gehört und gelesen, trotzdem leider ein großes Problem gerade in unseren Breitengraden.

Unendlich viele Gründe also, der Freundschaft ein ganzes Buch zu widmen, wozu mich auch ganz persönliche Erfahrungen gebracht haben. Als Einzelkind, das leider sehr früh die Eltern und damit de facto die gesamte Familienstruktur verlor, nehmen FreundInnen schon lange einen großen Stellenwert in meinem Leben ein. Auch und besonders als alleinerziehende Mutter in den ersten Jahren meiner Tochter hätte ich oft nicht gewusst, wie ich das Leben ohne die Unterstützung meiner FreundInnen gemeistert hätte.

Ohne die vielen schönen Gespräche, Feste, gemeinsamen Reisen mit FreundInnen wäre mein Leben ohnehin unvorstellbar! Inzwischen bin ich seit vielen Jahren gut eingebettet in einer bunten Patchworkfamilie, die mich auch zur stolzen Patchwork-Oma gemacht hat und mich unglaublich bereichert und glücklich macht. Am schönsten, wenn sich Familie und FreundInnen zusammenfinden und am besten quer durch die Generationen. Alle Freundschaften sind anders, haben Zeiten von Nähe und Zeiten von Distanz, und auch ich habe schon erlebt, wie Freundschaften plötzlich auseinanderdriften, nicht nur durch Corona.

Die Pandemie und die zunehmende Polarisierung unserer Gesellschaft waren ein Anlass für dieses Buch. Der große Verlust meiner besten und langjährigsten Freundin, die vor bald zwei Jahren an Krebs starb, ein weiterer. Kaum ein Tag vergeht ohne Gedanken an sie. Beim Schreiben dieses Buches war unsere lebenslange, ganz besondere Freundschaft immer sehr präsent. Von der Schulzeit bis ins hohe Alter befreundet zu sein, war uns leider nicht vergönnt, verschwunden ist unsere Freundschaft aber keineswegs. Was bleibt, sind wertvolle gemeinsame Erinnerungen, Unternehmungen, aber auch hitzige Diskussionen, die auch in Freundschaften wichtig sind.

Wie wir miteinander umgehen, ist nicht nur von Mensch zu Mensch, sondern auch von Freundschaft zu Freundschaft verschieden, wie auch diejenigen erzählen, die für dieses Buch bereit waren, einen Blick auf eine wichtige Freundschaft ihres Lebens zu werfen. Alt-Bundespräsident Heinz Fischer beispielsweise, der sich als Volksschulkind über die langen blauen Hosen seines Schulkollegen John Sailer wunderte, der 1947 gerade aus der amerikanischen Emigration nach Österreich zurückgekehrt war, als einer der ersten Menschen in Wien Jeans trug und in Heinz Fischer sehr jung einen guten Freund fand, den er bis heute für dessen Integrität schätzt.

Schauspielerin Erika Pluhar, die seit mehr als 20 Jahren in der wesentlich jüngeren Anna Dangel eine Seelenverwandte findet, die sie bei der ersten Begegnung vor allem dadurch rührte, dass sie wie ihre so tragisch früh verstorbene Tochter auch Anna heißt. Die Fußballgiganten Hans Krankl und Herbert Prohaska, die sich bis heute ärgern, wenn jemand meint, dass sie als Rapid- und Austria-Ikonen doch eigentlich Gegner und nicht ein Leben lang Freunde sein müssten. Oder Starköchin Haya Molcho, deren beste Freundin Ellen oft mit ihr verwechselt wird.

Die Ö3-Stars Philipp Hansa und Gabi Hiller, die erzählen, was sie unter „100 Prozent befreundet sein" verstehen. Oder Journalistin Anneliese Rohrer, die es seit den 1970er-Jahren fast jedes Jahr schafft, ihre neuseeländische Freundin irgendwo auf der Welt zu treffen. Und viele andere ...

Ob Freundschaften seit Kindertagen oder erst in späteren Jahren, ob zwischen ArbeitskollegInnen, zwischen Männern oder Frauen – alle Geschichten zeigen sehr persönliche Seiten von bekannten Persönlichkeiten. Bei ihnen allen möchte ich mich sehr herzlich für ihr Vertrauen und ihre Zeit bedanken, gemeinsam mit ihren FreundInnen für dieses Buch ihre Geschichten zu erzählen. Mein besonderer Dank gebührt auch den drei Expertinnen, die dieses Buch mit ihrem Know-how bereichern: Philosophin Lisz Hirn, Psychotherapeutin Cristina Budroni und Soziologin Barbara Rothmüller. Allen vorangestellt folgt aber die Freundschaftsgeschichte von zwei Männern, deren Freundschaft keineswegs Liebe auf den ersten Blick war, die aber im Laufe ihres Lebens so viel Vertrauen zueinander fassten, dass sie schließlich sogar gemeinsam ihre Dichtungen veröffentlichten: Johann Wolfgang von Goethe und Friedrich Schiller.

Beide räumten der Freundschaft auch in ihren Werken immer wieder eine wichtige Rolle ein, Schiller beispielsweise mit der 1799 geschriebenen Ballade über Treue und Freundschaft „Die Bürgschaft", die viele von uns in voller 20-Strophen-Länge in der Schule auswendig lernen mussten und von der eines der berühmtesten Zitate über eine Bitte um Freundschaft stammt: „Ich sei, gewährt mir die Bitte, in eurem Bunde der Dritte." Erinnern Sie sich an die Geschichte des Tyrannen, der geläutert von der beeindruckenden Verbundenheit zwischen zwei Freunden, die sogar bereit sind, ihr Leben füreinander zu riskieren, am Ende geläutert um deren Freundschaft bittet? – Definitiv zu dramatisch für unser heutiges Lebensgefühl und unsere Zeit, in der man Freunde und Freundinnen übrigens auch auf spezialisierten Internetplattformen suchen und möglicherweise finden kann und wo „befreundet" in Social Media nicht selten mit „vernetzt sein" verwechselt wird.

Andere Zeilen über Freundschaft haben jedenfalls nicht an Gültigkeit verloren, auch wenn sie die Comedian Harmonists vor nunmehr fast 100 Jahren geträllert haben: „Ein Freund, ein guter Freund. Das ist das Beste, was es gibt auf der Welt."

In diesem Sinne wünsche ich Ihnen viel Vergnügen mit diesem Buch! Viel Spaß beim Lesen oder an FreundInnen verschenken ...

Mit freundschaftlichen Grüßen
Ihre Birgit Fenderl

Johann Wolfgang von Goethe & Friedrich Schiller

KONKURRENTEN UND FREUNDE

Dass diese beiden einmal eine tiefe Freundschaft verbinden sollte, war bei ihrem ersten Aufeinandertreffen keinesfalls absehbar. Der 30-jährige Johann Wolfgang von Goethe war bereits ein gefeierter Autor, der mit dem Roman „Die Leiden des jungen Werther“ und mit „Götz von Berlichingen“ gerade Furore gemacht hatte, als er 1779 an der Stuttgarter „Hohe Karlsschule“ als Gast an einer Feier der damaligen Elite-Institution teilnahm, in deren Rahmen die Jahrgangspreise verliehen wurden. Unter den Ausgezeichneten: Friedrich Schiller, gerade einmal 20 Jahre alt, aus einfachen Verhältnissen stammend und am besten Weg, sein Berufsziel des Regimentsarztes zu erreichen.

Goethe, der sich die Hörner nach seiner Sturm- und Drang-Periode bereits abgestoßen hatte, gehörte inzwischen zum gesellschaftlichen Establishment. Der studierte Jurist arbeitete als hoher Beamter und sozusagen rechte Hand von Herzog Karl August in Weimar, das die Mutter des jungen Herzogs, Herzogin Anna Amalia, zum Musenhof machen wollte, weshalb sie auch das Engagement Goethes unterstützt hatte. Dass Goethe der 20-jährige Schiller unter den vielen Preisträgern aufgefallen wäre, gilt als absolut unwahrscheinlich.

Ganz anders sah diese erste Begegnung aus Friedrich Schillers Perspektive aus: Für Schiller und seine Freunde war Goethe der Inbegriff des Genies. Sie verfolgten alles, was ihr Idol schrieb und tat, kannten seine Biografie bis ins kleinste Detail. Außerdem hatte sich Schiller neben seiner medizinischen Ausbildung auch dem Schreiben zugewandt und schrieb zum Zeitpunkt von

Goethes Besuch in Stuttgart gerade sein erstes Theaterstück, „Die Räuber“, fertig. Als sich die beiden Giganten der deutschsprachigen Literatur im Jahr 1779 zum ersten Mal begegneten, kam es jedoch zu keinem persönlichen Wortwechsel zwischen den beiden damals noch äußerst ungleichen Dichtern. Das sollte erst neun Jahre später passieren, als sich auch Friedrich Schiller bereits einen Namen als Literat gemacht hatte. Zunächst wurde er aber tatsächlich Regimentsarzt, feierte zeitgleich erste große Erfolge mit seinen Dramen „Die Räuber“ und „Kabale und Liebe“. Goethe hingegen widmete sich immer mehr seinen Amtsgeschäften bei Hofe, wurde zu einer Art Premierminister von Weimar und litt zunehmend darunter, zu wenig Muße für das Schreiben zu finden. Schillers Erfolge am Theater wiederum missfielen dessen Dienstgeber, Herzog Karl Eugen, der ihm jedes weitere „Komödienschreiben“ verbot. Und so brachen sie beide aus – Goethe zu seiner berühmten Italienreise, um sich als Künstler wiederzufinden, Schiller aus dem Herrschaftsgebiet seines Herzogs. Als freier Schriftsteller zog er durch die Lande und kam schließlich über mehrere Stationen im Jahr 1787 nach Weimar. Als Goethe ein Jahr später aus Italien zurückkehrte, kam es zu ersten flüchtigen persönlichen Begegnungen zwischen den beiden Dichtern, wobei alle Berichte darin übereinstimmen, dass Goethe jede nähere Auseinandersetzung vermied, möglicherweise fürchtete er den Jüngeren als Konkurrenten. „Ich glaube in der Tat, er ist ein Egoist in ungewöhnlichem Grade“, schilderte Schiller gegenüber einem Freund seine damaligen Eindrücke von Goethe.

Geburtsstunde der modernen Freundschaft

Es war also alles andere als Liebe auf den ersten Blick zwischen den beiden deutschen Dichterfürsten und doch wurde daraus eine bedeutende Freundschaft, die manche gar als Geburtsstunde der modernen Freundschaft sehen. Ende des 18. Jahrhunderts machte sich ein neues Freundschaftskonzept breit – die Seelenverwandtschaft wurde zum Ideal der bürgerlichen Gesellschaft, die sich damit auch bewusst vom Adel unterscheiden wollte, dem sie vorwarf, vorwiegend Zweckbündnisse einzugehen. Emotionalität wurde in den Vordergrund gestellt, ein regelrechter Freundschaftskult gepflegt. Überall entstanden Freundschaftszirkel, wurden exklusive Freundschaftsbünde geschlossen. Wichtig für das neue Verständnis: Diese Freundschaften sollten auf Uneigennützigkeit und Gleichberechtigung basieren. Ein Grund übrigens, warum Freundschaften zwischen Männern und Frauen damals als undenkbar galten. Entscheidend war auch die sich verändernde Briefkultur – wurden bis dahin ausschließlich Fakten per offiziellem Brief ausgetauscht, entstand zu dieser Zeit der private Brief als Medium, in dem sich Freunde über ihre Gefühle, Sorgen oder Wünsche schreiben konnten. Dass das Postwesen ausgeweitet wurde, beflügelte die Kultur des freundschaftlichen Briefwechsels. Vor allem Frauen, die sehr stark auf ihr häusliches Umfeld beschränkt waren, nützten die briefliche Kommunikation, um sich mit anderen Frauen auszutauschen.

Und Goethe und Schiller? Deren Beziehung zueinander verbesserte sich schlagartig mit einem Brief, mit dem Schiller im Juni 1794 Goethe zur Mitarbeit an seinem neuen Zeitschriftenprojekt „Die Horen“ einlud. Goethe sagte zu und als die beiden einander wenig später in Jena erneut persönlich begegneten, entstand ein völlig neuer Umgang miteinander. Als „ein glückliches Ereignis“ beschrieb Goethe rückblickend dieses Treffen, das der Beginn einer langen und intensiven Freundschaft werden sollte. Für das ideologisierte Freundschaftsideal der Romantik, das von der mystischen Verschmelzung zweier Menschen träumte, eigneten sich Gothe und Schiller freilich wenig. Ihre Freundschaft war geprägt vom geistigen Austausch miteinander, vom gemeinsamen Streben nach den besten Erkenntnissen für ihre Literatur. Und von gemeinsamer Arbeit. Das Konzept der Freundschaft hatten sowohl Goethe als auch Schiller immer wieder in ihren Dichtungen thematisiert. Goethe beispielsweise im 1777 erschienenen Gedicht „An den Mond“, wo es heißt:

Selig, wer sich vor der Welt
Ohne Hass verschließt,
Einen Freund am Busen hält
Und mit dem genießt

Ähnlich, nur enthusiastischer dichtete Friedrich Schiller in seiner berühmten 1785 erschienenen „Ode an die Freude“, die später von Ludwig von Beethoven vertont wurde und uns als Europahymne bekannt ist:

Wem der große Wurf gelungen,
Eines Freundes Freund zu sein,
Wer ein holdes Weib errungen,
Mische seinen Jubel ein!

Auch den oft im Zusammenhang mit Freundschaft strapazierten Begriff der „Wahlverwandtschaften“ verdanken wir Goethe, wenngleich dessen gleichnamiger Roman von 1809 weniger die Freundschaft als vielmehr die Liebe zum Inhalt hat.

Mehr als eintausend Briefe

So romantisch wie in ihren Dichtungen war die Beziehung zwischen Goethe und Schiller aber keineswegs. Sie agierten vielmehr als intellektuelle Sparringpartner, sie pushten einander zu literarischen Höchstleistungen und sie verbündeten sich gegen die Kritik ihrer Konkurrenten, begannen ein literarisches Bündnis, das über die Jahre immer mehr zu einer tiefen Freundschaft heranreifte. Einer der Schachzüge der beiden Großmeister der Weimarer Klassik war die gemeinsame Veröffentlichung sogenannter Xenien, spöttischer Versmaße, mit denen sie ihre literarischen

Gegner aufs Korn nahmen. Veröffentlicht wurden diese Xenien in der von Schiller herausgegebenen literarischen Zeitschrift „Musenalmanach“, ohne jedoch den jeweiligen Verfasser zu nennen. Die Kritik konnte sich also nur an sie beide gemeinsam wenden und Goethe und Schiller wurden erstmals als literarische Einheit wahrgenommen. Bis heute lassen sich die kurzen Spottgedichte nicht eindeutig zuordnen, weshalb die Xenien sowohl in den Werkausgaben Goethes wie auch Schillers vollständig abgedruckt sind.

Aber nicht nur die Literatur beschäftigte die beiden in ihrem Briefwechsel, der bis zu Schillers Tod im Jahre 1805 dauern sollte und der mehr als eintausend Briefe umfasst. Auch über Anatomie oder Farbenlehre tauschten sich Goethe und Schiller aus, die aber auch über ganz persönliche Dinge wie die schwere Erkrankung von Schillers Frau Charlotte oder den Tod von Goethes neugeborener Tochter korrespondierten. Trotz ihrer freundschaftlichen Verbundenheit bewahrten Goethe und Schiller aber stets eine gewisse Distanz, blieben immer beim höflich-formellen Sie, obwohl ihre Freundschaft für beide einen hohen Stellenwert hatte.

Es war eine Freundschaft mit Zweck, wie der deutsche Philosoph und Publizist Rüdiger Safranski in „Goethe und Schiller – Geschichte einer Freundschaft“* schreibt. Mit dem Zweck, sich gegenseitig zu helfen und zu befördern. Geprägt von gegenseitiger Wertschätzung, deren persönliche Dimension vielleicht erst nach dem Verlust des Freundes klar wurde. Als der lungenkranke Schiller am 9. Mai 1805 mit 46 Jahren starb, war Goethe schnell klar, welche Zäsur das für sein Leben hatte. „Ich dachte mich selbst zu verlieren“, schrieb er, „und verliere nun einen Freund und in demselben die Hälfte meines Daseins.“ Geblieben sind mehr als tausend Briefe, die Goethe selbst im Jahr 1828 veröffentlichte und damit dieser einmaligen Freundschaft der Literaturgeschichte ein ewiges Denkmal setzte.

---

* 2009 im Hanser Verlag

Trotz großem Altersunterschied seit vielen Jahren eng befreundet

Erika Pluhar & Anna Dangel

DER NAME WAR DIE INITIALZÜNDUNG

Als Anna Dangel als 16-jähriges Mädchen ihre Tante und ihren Onkel zu einer Lesung begleitete, hatte sie keine Ahnung, wer Erika Pluhar ist. Ihre Verwandten waren große Fans von André Heller, der auch Anna damals ein Begriff war, weil in ihrer Familie sehr für ihn geschwärmt wurde. Sie hatte mitbekommen, dass die Schauspielerin, die auch Bücher schrieb, und zu deren Lesung sie mitging, irgendetwas mit Heller zu tun hatte. Was und wie genau, wusste sie aber nicht, und es interessierte sie als junges Mädchen auch nur mäßig.

„Deine Verwandten waren lauter Heller-Schwärmer", sagt Erika Pluhar. „Ich weiß nicht, wie du diese Lesung damals überhaupt wahrgenommen hast. Irgendwie hat sie dich aber doch interessiert." „Es war meine erste Lesung überhaupt", erinnert sich Anna, „und ich fand es wirklich, wirklich schön." So schön, dass sie sich nach der Lesung für eine Widmung anstellte und ein Satz der Beginn einer inzwischen mehr als 20-jährigen Freundschaft zwischen zwei nicht nur im Alter sehr unterschiedlichen Frauen werden sollte.

„Diese Lesung fand in der ersten Zeit nach dem Tod meiner Tochter Anna statt. Damals war ich immer noch – ich sag immer – wie hinter Glas. Aber ich blieb pflichtbewusst und absolvierte alle meine Auftritte. Trotz dieses Schicksalsschlages, der mich wirklich fast erschlug. Und dann kommt nach einer Lesung dieses Mädchen auf mich zu, schlägt das Buch auf und sagt: ‚Für Anna, bitte.' Dieser Satz berührte mich damals sehr und so kamen wir ins Gespräch."

Anna Dangel war damals eine 16-jährige Schülerin, die berühmte Schauspielerin, Sängerin und Buchautorin Erika Pluhar bereits über 60 Jahre alt. Und trotzdem entstand eine innige Freundschaft. Möglicherweise, weil der Begriff „trotzdem" für Erika Pluhar immer bestimmend war, weil „Trotzdem" nicht nur der Titel eines ihrer bekanntesten Lieder ist und eine Fernsehdokumentation über ihr Leben so heißt, sondern weil „trotzdem" für sie auch so etwas wie ein Lebensmotto ist. Vielleicht aber auch einfach, weil die junge Anna in Erika eine Erinnerung an ihre Tochter weckte, weil Anna begann, „ein Buch nach dem anderen von Erika zu lesen", und weil sie ihr nach jedem Buch, das sie gelesen hatte, einen Brief schrieb.

„Sie schreibt wirklich gut. Ihre Briefe gefielen mir immer sehr. Mir hat einfach alles an ihr, an diesem jungen Mädchen, gefallen", meint Erika. Anna besuchte auch immer öfter Konzerte von Erika Pluhar. „Und bald dachte ich mir: Die ist ja noch viel cooler als der Heller", lacht sie. Sie tauchte also immer öfter auf, kam mit Freundinnen zu Konzerten von Erika und besuchte sie nach ihren Auftritten hinter der Bühne.

„Unser Kontakt entwickelte sich langsam über das Berufliche hinaus in mein Privates", beschreibt Pluhar. Aus ihrer Begegnung wurde über die Jahre nach und nach ein freundschaftlicher Kontakt, der inzwischen eine ganz enge und für beide sehr wichtige Freundschaft geworden ist. Anna Dangel war inzwischen Schauspielschülerin, sah Erika Pluhar auf diesem sehr persönlichen Weg aber nie als ihr Vorbild, bewunderte sie jedoch weiterhin als Autorin. „Ich war ja nicht mehr am Theater", ergänzt Erika Pluhar, die 1999 nach 40 Jahren als Ensemblemitglied am Burgtheater in Pension gegangen war, und die nun begann, die Aufführungen ihrer jungen Freundin Anna zu besuchen. „Bis zur Pandemie sah Erika alle Stücke, in denen ich mitgespielt habe, und das seit den

Aufführungen in der Schauspielschule", freut sich Anna Dangel, die schon lange bevor sie Erika Pluhar traf, unbedingt Schauspielerin werden wollte und dann in der freien Szene vor allem an kleinen Theatern spielte.

„In meiner Zeit am Theater", meint Erika, „spielten diese kleinen Bühnen eine große Rolle. Otto Schenk und viele andere große Talente kamen aus der Off-Szene. Gerade im Experimentellen sind solche Bühnen sehr gut und wichtig. Und wenn ich Anna spielen sehe, dann überzeugt sie mich immer wieder. Ich gebe ihr immer ein absolut ehrliches Feedback." „Ich habe dich ja nie auf der Bühne gesehen", sagt Anna. „Doch, einmal! Aber im Kino!", widerspricht Erika, „Vor ein paar Jahren durften wir uns zu Achim Bennings Geburtstag mit einigen Gästen im Metro Kino die ORF-Aufzeichnung von Maxim Gorkis ‚Sommergäste' in der Burgtheater-Inszenierung von Achim im Jahr 1979 ansehen. Es war eine meiner wesentlichsten Arbeiten am Theater. Da warst du auch dabei, Anna. Und ich habe mich gefreut. Wie gern ich mir das nach der langen Zeit angesehen habe! Ganz ehrlich, er hat mich überrascht, wie gut ich damals war."

„Die Pluhar", wie sie immer noch von vielen genannt wird, war nach Matura und Studium am Wiener Max Reinhardt Seminar direkt an das Wiener Burgtheater engagiert worden, wo sie in unzähligen Rollen das Publikum begeisterte, sich aber gleichzeitig auch durch Film und Fernsehen im gesamten deutschsprachigen Raum allmählich einen Namen machte. Sie gastierte an den Münchner Kammerspielen und spielte bei den Bregenzer und den Salzburger Festspielen. Aber auch ihr Privatleben sorgte immer wieder für Schlagzeilen – „leider", wie sie selbst meint. Als Ehefrau von André Heller und später von Udo Proksch war Erika Pluhar stets eine „öffentliche Frau", wie sie den autobiografischen Roman über ihr Leben betitelte. Und Erika Pluhar war immer ein politischer Mensch, engagierte sich in der Frauenbewegung, trat und tritt gegen Faschismus, Rassismus und Rechtsextremismus auf. Im Lauf der Jahre zählten SPÖ-Granden, wie der ehemalige Bundeskanzler Franz Vranitzky oder Altbundespräsident Heinz Fischer, zu ihrem Freundeskreis.

Altersunterschied spielt keine Rolle

„Oft lud mich Erika zu irgendwelchen Festivitäten mit irgendwelchen wichtigen Menschen ein oder nahm mich mit, aber ich hatte nie das Gefühl, ich müsse mich da jetzt irgendwie verstellen“, erinnert sich Anna Dangel. „Ja, als du mich kennenlerntest, war ich noch eine – wie soll ich das jetzt am besten formulieren – sagen wir: eine existente Figur im Kulturleben“, ergänzt Pluhar. War es doch für sie ganz normal gewesen, sich unter bekannten Menschen zu bewegen, als sie ihre junge Freundin Anna immer mehr in ihren Freundeskreis integrierte. „Natürlich war ich immer die Alte und sie die Junge! Aber wir beide hatten nie dieses Gefühl: Oh, ich bin so alt! oder: Oh, ich bin so jung!“, meint Erika Pluhar. „Irgendwie hat Anna eine alte Seele. Und wir sagten schon oft: ‚Wahrscheinlich haben wir beide alte Seelen.‘ Mein Satz lautet: Jugend ist keine Frage des Alters. Es gibt junge Menschen, die furchtbar alt sind, und alte Leute, die jung sind. Für mich geht es da um ein geistiges Prinzip.“ „Ja“, stimmt ihre Freundin zu.

„Das klingt jetzt obergescheit und eigentlich unsympathisch, aber ich finde mich furchtbar alt für mein Alter. Das war schon immer so. Du willst das nicht hören, Erika. Aber ich merke zwischen uns meistens wirklich keinen Altersunterschied. Für mich waren wir schon immer irgendwie alterslos“, erklärt sie. „Ein bisschen war sie für mich natürlich wie eine Tochter“, fügt Pluhar hinzu, „ich wusste auch immer alles von ihr, ihre Lovestorys, ihren Liebeskummer ...“ „Erika hat mir in meiner Jugenddepression, die ich sicher hatte, sehr geholfen. Teilweise war sie wahrscheinlich ein bisschen meine Therapeutin. Und so entwickelte sich ein so enormes Vertrauen, ich konnte ihr dann einfach alles erzählen. Irgendwann hatte ich auch so etwas wie eine zweite Pubertät, in der ich ziemlich verrückt drauf war. Aber auch das haben wir zwei geschafft!", sagt Anna. „Und außerdem rauche ich so gern mit dir", fügt Erika lachend hinzu, „hast du hoffentlich eh Zigaretten dabei?"

Ein einziges Mal drehte Erika Pluhar mit ihrer jungen Freundin einen gemeinsamen Film: Pluhar: Regie, Dangel: Hauptdarstellerin. „Da war Anna oft ganz böse auf mich, weil ich plötzlich die strenge Regisseurin war!" „Hui, da war sie grantig", stimmt Anna zu und beide lachen und erinnern sich gerne an die gemeinsame Arbeit im Jahr 2013. An den Film „Laguna", in dem neben Anna auch Erikas Enkelsohn Ignaz und Adi und Maddalena Hirschal mitspielten. „Der gesamte Film war eigentlich für Annas Erscheinung konzipiert. Das ging aber fast in die Hose, denn ich hatte ihre Rolle für eine kleine, mollige junge Frau geschrieben, die darunter leidet, sich nicht schön genug zu finden. Und dann warst du, Anna, vor dem Dreh krank und wurdest immer dünner. Du warst wunderschön dünn zu Drehbeginn, was aber nicht wirklich zu deiner Rolle passte. Aber irgendwie ist sich alles noch gerade gut ausgegangen", erinnert sich Erika, die als vielseitige Künstlerin gerne weitere Filme als Regisseurin realisiert hätte – wäre da nicht die Sache mit dem Geld. „Meine mir mögliche Filmerei lief immer nicht ganz so, wie gewollt – weil wir immer zu wenig Geld und zu wenig Zeit hatten. ‚Low-Budget-Produktion' – das klingt vielleicht ambitioniert. Im Endeffekt kannst du aber ohne Geld keinen Film machen. ‚Laguna' wäre mit mehr Budget ein wirklich schöner Film geworden, so wurde es ein netter Film, aber eben auch nicht mehr."

Also konzentrierte sich Erika Pluhar nach ihrer Schauspielkarriere weitgehend auf das Schreiben, und sie tritt nach wie vor mit ihren Liedern und Lesungen auf. Auch gemeinsam mit Anna Dangel. Pluhars 2016 veröffentlichter Roman „Gegenüber", der die Freundschaft zweier ungleicher Frauen behandelt, lasen die beiden als Hörbuch ein, und traten damit auch gemeinsam bei der Buchpräsentation auf. „Natürlich habe ich von Erika auch beruflich viel gelernt. Oder ich würde eher sagen, ich habe mir viel von Erika abgeschaut. Auch bei meinen Schreibereien. Wobei ich hier nicht zwischen Beruflichem und Privatem unterscheiden würde. Da vermischt sich alles – du warst mir bei allem auch eine Lehrmeisterin. Im Leben wie in der Arbeit."

„Zusammengebracht hat uns auf jeden Fall dein Name. Der Name Anna war die Initialzündung", meint Erika Pluhar. Sie erzählt, dass sie einige deutlich jüngere Freundinnen habe, zu denen sie immer auch ein Gefühl wie zu Töchtern entwickle. „Meine Verlegerin ist mir ein wenig wie eine Tochter. Na ja – alle, die jetzt um die 60 sind. Meine Anna wäre jetzt 60 Jahre alt. Also lauter Töchter", sagt sie leise. „Erika konnte mir immer eine große Sicherheit geben. Sie konnte mich immer gut verstehen", fügt Anna Dangel hinzu.

Noch eine zufällige Parallele gibt es zwischen den beiden Frauen. „Anna wohnt in der Schwarzlackenau im 21. Bezirk, in Floridsdorf, wo ich aufgewachsen bin", erzählt Erika. „Mit einer Schulfreundin fuhren wir immer in die Schwarzlackenau, wo es damals nur kleine Gartenhäuser gab. Anna wohnt in einer Wohnung im Haus ihres Vaters, den ich auch gut kenne, und der dort einen wunderschönen Garten angelegt hat. Dort haben wir auch schon einige schöne Partys gefeiert. Viel gegessen, getrunken, getanzt, Musik gehört. Wichtig in unserer Freundschaft ist: Gespräche zu führen, einander zu treffen, zu essen, zu trinken – und zu rauchen. Ich als Nichtraucherin eigentlich nur mit dir!"

Aber anders als sie, Erika, sei Anna aber auch ein Mensch, der gern andere Menschen bei Zuneigung umarmt und drückt. „Ja, ich war nie eine – wie Anna es nennt – Knuddlerin, das ist ein Punkt, den sie auch oft ein bisserl an mir kritisiert hat." „Stimmt", sagt Anna, „das habe ich nie verstanden, für mich ist das einfach selbstverständlich." „Deine ganze Familie ist so!", fügt Erika hinzu,

„ihr seid ja alle so. Es gibt Fotos, da stehe ich betont aufrecht da – zwischen lauter sich knuddelnden Menschen." Aber Erika hat für die unterschiedlichen Bedürfnisse nach körperlicher Nähe auch eine ernste Erklärung parat. „Bei mir hat das definitiv mit meiner Kindheit zu tun. Es war Krieg. Und meine Mutter war diesbezüglich auch eine eher zurückhaltende Frau. Meine Tochter Anna hätte sicher gerne mehr mit mir geknuddelt. Ich habe ja ein ganzes Buch über Anna geschrieben, in dem ich mit dieser ihrer Mutter auch streng ins Gericht gehe."

Sie fügt hinzu, wie sehr sie dieser Tage der Krieg gegen die Ukraine entsetze und beschäftige und wie sie sich beim Anblick von Kriegsbildern in ihre eigene Kindheit versetzt fühle.

Erika Pluhar wurde 1939 geboren, und in Döbling, wo sie damals auch lebte, hätte es „im und nach dem Krieg so ausgeschaut wie jetzt in Mariupol und anderen ukrainischen Städten", erzählt sie. Eine schwierige Zeit. Erst die Pandemie, jetzt dieser schreckliche Krieg mitten in Europa. „Schon vor Corona und vor der Invasion in der Ukraine habe ich oft darauf hingewiesen, dass einige gesellschaftliche Probleme bei uns auch daher rühren, dass die Menschen so verwöhnt sind. Ich habe Krieg und Nachkriegszeit erlebt, meist bin ich die Älteste, wenn über aktuelle Entwicklungen diskutiert wird, und um mich herum ist niemand, der Krieg noch erleben musste. Wenn Alice Schwarzer so angefeindet wird, wenn sie sagt ‚Waffen weg', dann ist das meiner Meinung nach auch eine Generationsfrage", meint Pluhar, die sich auch mit Anna über die aktuelle Situation unterhält.

Dabei könne man durchaus unterschiedlicher Meinung sein, meinen beide, wichtig sei in Freundschaften aber immer der Umgangston miteinander.

Freundschaft hat mit Liebe zu tun

„Es ist auf jeden Fall wichtig, achtsam miteinander umzugehen. Das beginnt schon bei der eigenen Wortwahl. Wie formuliere ich etwas, wie wird etwas möglicherweise vom anderen verstanden. Ich bin ein impulsiver Mensch und manchmal geht die Emotion mit mir durch, aber ich achte darauf, dass ich meine Freundschaften dabei nicht verletze", meint Anna. „Freundschaft bedeutet Sicherheit, Vertrauen, sich fallen lassen können und eben auch Achtsamkeit." „Freundschaft hat für mich auf jeden Fall mit Liebe zu tun. Aber auf einer anderen Ebene, weil es nichts mit Verliebtheit oder Sexualität zu tun hat", ergänzt Erika. „Auf eine gewisse Art ist Freundschaft für mich die größere Liebe. Und wenn eine Liebesbeziehung sehr gut war, wenn es wirkliche Liebe war, dann ist es wunderschön, wenn sich diese Liebe in Freundschaft verwandelt. Ich musste nach dem Ende von Beziehungen Menschen nie ganz aus meinem Leben hinauswerfen. Meine ehemaligen Männer, die noch leben, sind mir Freunde geblieben. Aber wenn man so alt wird wie ich, dann ist es ein wirklich trauriger Aspekt, dass lieb gewonnene Menschen gehen, immer weniger Zeitgenossen überbleiben. Wobei es mir auch wehtut, wenn welche plötzlich gehen, obwohl sie nicht zu meinem direkten Freundeskreis gehört hatten, jedoch zu meinem lebenslangen Menschenumfeld. Aber so ist Leben nun einmal."

Die Pandemie zwang auch Erika und Anna dazu, weniger Kontakt miteinander zu haben, was vor allem für die Jüngere schwierig war: „Wir konnten uns eine lange Zeit nicht sehen, das war für mich wirklich arg. Ich habe Erika dann halt öfter angerufen, ich bin ein sehr mitteilungsbedürftiger Mensch. Erika kann besser mit sich sein, glaube ich." „Stimmt. Ich bin eine Allein-Seierin. Außerdem habe ich mein Leben gelebt. Ich hatte es gut hier in meinem Haus, mit meinem Garten. Besonders schön war und ist natürlich, dass mein Enkelsohn auch hier lebt und ein Kind, mein Urenkel, geboren wurde. Aber wenn mir so etwas in meiner Blütezeit passierte wäre, plötzlich alles auf Stopp und ich hätte zu Hause sitzen müssen ... Ich habe die jungen und jüngeren Menschen in meinem Metier echt bedauert“, meint sie über die Zeit der Lockdowns, die erst knapp überstanden ist, als wir uns zu diesem Gespräch im Wintergarten ihres Zuhauses zusammensetzen. „In dieser Zeit mussten sehr viele Menschen Einsamkeit erlernen. Wobei mein ewiger Spruch immer ist: Wer nicht einsam sein kann, der kann auch nicht gemeinsam sein. Einsam steckt auch im Wort gemeinsam. Die Sprache ist so klug, ich hole mir immer viel aus der Sprache.“

Anna hört ihrer Freundin interessiert zu und wird vor allem bei deren Erzählungen über verstorbene Freunde und Freundinnen sehr ernst. „Ich will gar nicht daran denken, wie das wäre. Mir macht das schon immer wieder Sorgen. Weil ich mir eine Welt ohne Erika nicht vorstellen kann.“ „Sie reagiert sehr besorgt, wenn mir ein bisserl was fehlt“, setzt Erika Pluhar fort. „Ja, du sagt immer, ich bin hysterisch“, sagt Anna. Ihre mütterliche Freundin meint: „Wenn es mir einmal wirklich schlecht ginge, ich könnte mich an sie wenden. Auch mit sogenannten Alltagsproblemen. Zum Beispiel versteht Anna sehr gut, was es für mich bedeutet, dass mich meine Haushälterin, die 19 Jahre bei mir war, plötzlich verlassen hat, weil sie sich in einen Mann verliebte, der zum radikalen Impfgegner wurde. Er war ein netter Freund, er war auch öfter bei uns im Haus. Und plötzlich ward er nicht mehr gesehen und fast feindlich mir gegenüber. Das ging durch Freundschaften wie Familien, eine ganz komische Sache. Eine richtige Freundschaft müsste solche Differenzen eigentlich aushalten, aber auch ich habe eine wirkliche Freundin durch den Streit über Pandemie und Impfen verloren.“

Mit ihren eigenen Liedern und den Lesungen aus ihren Büchern und Texten tritt Erika Pluhar nach der Zwangspause durch Corona nach wie vor mit großer Intensität auf. Das Theater meide sie inzwischen aber eher. Was da Mitwirkenden inzwischen alles abverlangt würde, wie sehr Casting den Schauspielerberuf bestimme – es sei einfach nicht mehr ihre Welt, die, die sie einst liebte. Auch dem großen Wunsch ihrer Freundin nach einem gemeinsamen Film erteilt die Pluhar eine klare Abfuhr. „Ich würde Erika so gerne einmal noch als Regisseurin erleben", meint Anna, „das ist seit Jahren ein Thema zwischen uns. Mittlerweile habe ich es aufgegeben. Aber es bleibt ein großer Wunsch: Erika noch einmal durch das Auge der auf mich gerichteten Kamera zu erleben, mit ihr arbeiten zu dürfen." „Aber ich mache keine Filme mehr", erwidert Erika.

Wirklich keine Chance? „Für einen guten Film benötigt man viel Geld. Viel Geld aufzutreiben wiederum braucht viele Jahre und das geht sich bei mir nicht mehr aus. Das ist ein Punkt in meinem Leben, der mich traurig macht. Aber in diesem berühmten nächsten Leben – an das ich aber nicht glaube – werde ich das Theater bleiben lassen und lieber gleich Filme machen", findet Erika Pluhar einen schönen Abschluss für das Gespräch mit ihrer Freundin Anna.

Und außerdem ist es für die beiden schon längst an der Zeit, endlich gemeinsam genüsslich eine Zigarette zu rauchen …

Heinz Fischer & John Sailer

VOLKSSCHULFREUNDE

Als sich die beiden Buben kurz nach Ende des Zweiten Weltkriegs in einer Volksschule in Wien Hietzing kennenlernten, konnte keiner von ihnen ahnen, dass sie das damals noch darniederliegende Österreich maßgeblich mitprägen würden. Der eine in der Politik, der andere in der Kunstwelt. Altbundespräsident Heinz Fischer und der Galerist John Sailer.

„Meine ersten Erinnerungen an Heinz sind, dass er sehr sportlich war, dass er immer Fußball spielte. Das war doch schon in der Volksschule so, oder?“, erinnert sich John Sailer und wirft seinem Volksschulfreund einen fragenden Blick zu. „Oh ja, Fußball habe ich gespielt, seitdem ich laufen konnte“, lacht dieser und begibt sich mit sichtlicher Freude gemeinsam mit seinem Freund auf eine Zeitreise zum Beginn ihrer lebenslangen Freundschaft, wobei bei den Erzählungen darüber stets ein Hauch von Geschichte mitschwingt.

„Ich begann mit der Volksschule noch während des Kriegs und zwar in Pamhagen im Burgenland. Dort hatte meine Mutter eine Cousine, die Tante Sali, die Bäuerin war und einen kleinen Bauernhof hatte. Und weil es dort, anders als in Wien, keine Bombenangriffe gab, schickte mich meine Mutter für einige Monate zur Tante Sali. Das war 1944. Zu Unterrichtsbeginn mussten wir jeden Tag, wenn der Lehrer in die Klasse kam, die Hand zum Hitlergruß erheben und im Chor ‚Heil Hitler, Herr Lehrer‘ sagen. Als Sechsjähriger habe ich dieses ‚Heil Hitler‘ und die Ermahnungen meiner Eltern, ich solle aufpassen, was ich in der Schule sage, schon sehr bewusst mitbekommen“, erzählt der ehemalige

Bundespräsident, der sich sein ganzes politisches Leben lang für die Aufarbeitung der Verbrechen des Nationalsozialismus engagierte und der als kleiner Bub erlebte, wie seine Eltern ihre ausgeprägte Ablehnung des NS-Regimes verschlüsselten, um die Familie nicht zu gefährden. „Mein Vater und meine Mutter lernten sich bei einem Esperanto-Kurs kennen. Beide hatten pointierte Meinungen zum Nationalsozialismus, und wenn sie darüber sprachen, switchten sie in Esperanto, unterhielten sich sozusagen in einer Geheimsprache, weil ja nur wenige diese künstlich erschaffene Sprache, die erfunden wurde, um eine Weltsprache für alle zu kreieren, wirklich beherrschten. Meine Eltern nutzten sie auch, damit ich als kleines Kind nicht in der Schule oder vor Nachbarn irgendetwas erzählte, das sich für uns als verhängnisvoll hätte erweisen können. Mich machte das sehr neugierig, und ich hörte ganz genau zu, was sie knapp bevor und knapp nachdem sie Esperanto sprachen, sagten", erinnert sich Heinz Fischer und erzählt, dass sein Vater mit John Sailers Mutter Jus studiert hatte. Anders als die Familie Fischer, die trotz ihrer Ablehnung des Nationalsozialismus in Österreich blieb, musste die Familie Sailer das Land verlassen.

Johns Mutter Erna floh vor der nationalsozialistischen Judenverfolgung nach dem „Anschluss" 1938 zuerst mit falschem Pass über die Schweiz nach Frankreich, 1940 dann mit ihrer Familie weiter in die USA. Ihr Mann Karl Hans Sailer war Journalist bei der „Arbeiterzeitung" und führender Aktivist der „Revolutionären Sozialisten". Sohn John war knapp drei Jahre alt, als der Familie die Flucht mit dem letzten großen Flüchtlingsschiff, das Europa von Lissabon aus verlassen konnte, gelang – auf demselben Schiff waren unter anderem Franz Werfel, Alma Mahler und Heinrich Mann.

John Sailer wuchs also in den USA auf, wo er auch seine Schulzeit in einer betont antiautoritären Rudolf-Steiner-Schule begann, bevor die Familie nach Wien zurückkehrte. „Ich hatte ein, sagen

Zeitzeugen und Freunde seit Volksschulzeiten

wir, problematisches Verhältnis zu meinen neuen Mitschülern in Wien, weil ich noch in den USA mitbekommen hatte, dass wir jetzt in ein Land ziehen, wo es lauter Nazis gibt. Wo Kinder von Nazis waren oder Kinder von Eltern, die die Nazis zumindest geduldet hatten. Vom Heinz aber wusste ich, dass das nicht so war, das hatten mir auch meine Eltern erzählt. Daher war er von Anfang an ein Guter für mich.

Wahrscheinlich durch meine frühen Erlebnisse mit Emigration und Rückkehr nach Österreich unterschied ich sehr früh in meinem Leben: Ist das jetzt ein Guter oder doch ein Böser? Für einen Volksschüler ist das sehr ungewöhnlich, aber ich wusste, dass der Heinz ein Guter war und dass ich ihm vertrauen konnte. Mit ihm konnte ich Freund sein", erzählt der Galerist über den Beginn seiner Freundschaft mit Heinz Fischer. Wobei die beiden Buben anfangs nicht in derselben Klasse waren – John Sailer musste das erste Jahr die Mädchenklasse besuchen, weil die dortige Lehrerin besser Englisch konnte als die anderen Lehrerinnen und Lehrer der Schule. John konnte zwar Deutsch, Englisch war aber seine eigentliche Muttersprache.

Lange blaue Hosen und Turnschuhe

Nach einem Jahr kam er zu Heinz in die Bubenklasse – gemischte Klassen gab es damals noch nicht. „Irgendwann machten wir einen Schulausflug und da saß ich neben dir im Autobus, das war schön. Daran kann ich mich noch gut erinnern", weiß John, der im Gegensatz zu seinem Freund „total unsportlich war", was wahrscheinlich auch daran lag, dass er von Kind an Probleme mit einem Fuß hatte, in der Gymnasialzeit aufgrund notwendiger Operationen deshalb auch ein Schuljahr wiederholen musste und dadurch auch die gemeinsame Schulzeit mit Heinz Fischer endete. Aber John besaß als Volksschüler Boxhandschuhe, was absolut außergewöhnlich war, wie einiges andere auch. „John war ein sehr auffallender Mitschüler", erinnert sich sein Freund, „beispielsweise waren wir alle sehr erstaunt, als er mit blauen langen Hosen in die Schule kam. Wir trugen damals, zumindest im Sommer, immer kurze Hosen. Und John trug blaue Hosen und so komische Schlapfen", lacht Heinz Fischer. „Sneakers waren das", schmunzelt Sailer, und die blauen Hosen waren Jeans. Für den in den USA aufgewachsenen John eine Selbstverständlichkeit, im Wien der direkten Nachkriegszeit aber etwas absolut Exotisches.

Ungewöhnlich für seine Mitschülerinnen und Mitschüler waren auch die Erziehungsvorstellungen im Hause Sailer, selbst für Heinz Fischer, dessen Eltern in dieser Beziehung „sehr liberal" waren, wie sich dieser erinnert. „Ich habe John damals um einiges beneidet; dass seine Eltern so entspannt waren und dass er so gut Englisch konnte. Johns Vater war ein sehr auffallender Mann mit seinen schneeweißen Haaren, und ich erinnere mich gut daran, dass ich ihn bei etwas beobachtete, was mir meine Mutter immer strengstens verboten hatte: Wir wohnten sehr nahe, nahmen also dieselbe Straßenbahn der Linie 60 und Straßenbahnen hatten damals eine offene Plattform. Unsere Wohnungen lagen zwischen zwei Straßenbahnstationen, wo die Bahn eine Kurve machte, in der sie etwas langsamer fuhr. Ich beobachtete Johns Vater des Öfteren, wie er in dieser Kurve von der fahrenden Straßenbahn absprang, um den Heimweg abzukürzen. Wenn ich das tat, bekam ich richtig Schimpfe. Das fand ich ungerecht und diskutierte mit meinen Eltern, warum ich nicht abspringen durfte, wo doch Johns Papa auch aus der fahrenden Straßenbahn abspringe", lacht der ehemalige Bundespräsident.

John Sailer wiederum erinnert sich, dass er in der Volksschule in die Cousine seines Schulfreunds verliebt war. „Hast du das damals gemerkt?", fragt er seinen Freund. „Natürlich, das hast du nicht versteckt", lacht dieser, „es war nicht zu übersehen, dass John und meine Cousine Liesbeth sehr, sehr nett zueinander waren." Immer wieder gab es in dieser Zeit gegenseitige Einladungen der befreundeten Familien, bei denen sich auch die Buben begegneten und wodurch auch eine enge Beziehung zu den jeweiligen Eltern entstand. John Sailers Mutter Erna war damals Direktorin der Fürsorgeschule der Stadt Wien. Als sie später von Bruno Kreisky ins Außenministerium geholt wurde und bis zu ihrer Pensionierung im Jahr 1974 österreichische Botschafterin in Indien war, besuchte sie Heinz Fischer, „wann immer sich eine Gelegenheit dazu bot", wie er sich erinnert. Erna Sailer war eng mit Indira Gandhi befreundet, führte mit ihr nach ihrer Rückkehr nach Österreich einen lebenslangen Briefwechsel und Heinz Fischer erinnert sich mit Begeisterung an den einen oder anderen Abend mit der Mutter seines Freundes in Indien, von der er noch in späteren Jahren viel über das Land lernte.

Nach der Volksschule wechselten die beiden Freunde gemeinsam ins Gymnasium Fichtnergasse, wo sich beide im „Verband Sozialistischer Mittelschüler", einer Vorfeldorganisation der SPÖ, engagierten. „Mich interessierte immer sehr, wie John über die Flucht seiner Familie erzählte, wie ihn seine Eltern zunächst in Wien zurücklassen hatten müssen, weil es einfach zu gefährlich war, und wie er dann auf abenteuerliche Weise zu seinen Eltern nachgebracht werden konnte. Unter meinen und noch mehr unter Johns Freunden waren einige, die mit ihren Eltern vor den Nazis flüchten mussten und die als Schulkinder wieder zurück nach Österreich kamen. Das hat unser Interesse und unser Engagement für Politik sehr geprägt", erzählt Heinz Fischer, dessen Vater Rudolf auch immer ein politischer Mensch gewesen war, weshalb er zu Kriegsende auch „untertauchen" musste, um nicht zum Volkssturm eingezogen zu werden.

In der Bundesregierung von Julius Raab war Rudolf Fischer von 1954 bis 1956 Staatssekretär im Handelsministerium. Der Krieg mit all seinen grauenhaften Folgen war in der Gymnasialzeit von Sohn Heinz und John Sailer ständiges Thema. „Mein Religionslehrer", berichtet Heinz Fischer, „hatte als Divisionspfarrer, also als Militärgeistlicher, den Stalingrad-Feldzug mitgemacht, hatte das ganze Elend mit den Hunderttausenden Toten miterlebt und war, wie er uns immer und immer wieder erzählte, mit einem der letzten Flugzeuge aus Russland ausgeflogen worden. Dieses Stalingrad-Erlebnis beherrschte und prägte ihn bis zu seinem Tod. Unser Religionsunterricht begann immer kurz mit Inhalten des Lehrplans, aber nach ein paar Minuten begann unser Lehrer von Stalingrad zu erzählen und Hitler zu kritisieren. Das wiederholte sich jede Stunde. Später, als ich schon im Parlament war, begegnete ich ihm manchmal auf der Straße. ‚Du Heinz, ich muss dir etwas erzählen', sagte er, und wir standen 20 Minuten dort und er redete von Stalingrad. Als er im Krankenhaus Hietzing verstarb, erzählte mir sein behandelnder Arzt, den ich persönlich kannte, dass er noch am Totenbett über Stalingrad sprach."

John Sailer erinnert sich ebenso an seinen Religionslehrer, er hatte einen anderen als sein Schulfreund. „Ich hatte im Gymnasium ein Problem mit meinem Religionslehrer, mit dem ich damals heftig über die sogenannte Erbsünde diskutierte. Ich konnte nicht verstehen, warum es Sünde sein sollte, vom Baum der Erkenntnis zu essen. Erkenntnis war für mich immer etwas Positives, die Fähigkeit zwischen Gut und Böse zu unterscheiden beispielsweise. Ich verärgerte den Lehrer dann offenbar, als ich meinte, das sei doch der Moment, wo der Affe zum Menschen wurde. Er war nicht böse, aber nach dem Unterricht kam er zu mir und meinte, ich brächte die Klasse mit meinen Einwänden durcheinander und er hätte Verständnis dafür, wenn ich nicht mehr in den Religionsunterricht gehe", schüttelt der Galerist immer noch den Kopf und erzählt von einem „großen Fehler seines Lebens".

Nachdem John Sailer aus gesundheitlichen Gründen ein Schuljahr verloren hatte, wechselte er vom humanistischen Gymnasium in ein Realgymnasium. Seitdem bereut er, dass er nie Griechisch gelernt hat, wo sich doch seine gesamte Lebensphilosophie um die alte griechische Mythologie dreht.

Selbstverständlich begeisterten sich die beiden Schulfreunde aber nicht nur für Philosophie und Politik, sondern durchaus auch für das andere Geschlecht, mitunter fanden sie auch dieselben Mädchen interessant. „Es gab eine Dame, die wir beide verehrten", schmunzelt John Sailer, „die Senta Berger", und Heinz Fischer ergänzt lachend: „Aber die Senta, die wie wir in Hietzing wohnte und dieselbe Volksschule wie wir besucht hatte, hatte schon einen fixen Freund, leider!" „Stimmt, das hat mich auch gestört", scherzt Sailer, um von seinem Freund neckisch ermahnt zu werden, dass sie nicht hier seien, „um Freundinnen aufzuzählen", sondern dass es um ihre Freundschaft gehe.

Kunst und Politik

Ab der Oberstufe in unterschiedlichen Schulen, erinnern sich beide nicht an gemeinsame Partys oder Tanzschule, der Kontakt zueinander habe sich erst wieder intensiviert, als „ich auf der politischen Rollbahn war", wie es Heinz Fischer ausdrückt, der nach der Matura Jus studierte, nach Studienabschluss kurz bei Gericht arbeitete und ab 1962 als Sekretär der sozialdemokratischen Parlamentsfraktion tätig war. „Politik interessierte mich schon immer, aber ich habe mich während meines Studiums auch sehr für Kunst und Malerei begeistert. John war diesbezüglich der ideale Lehrmeister."

John Sailer, der mit der von ihm 1974 gegründeten Galerie Ulysses die wichtigsten zeitgenössischen Künstlerinnen und Künstler Österreichs, darunter Arnulf Rainer, Markus Prachensky, Hans Hollein und Maria Lassnig, förderte, studierte zunächst ebenfalls Jus, schloss sein Studium aber nie ab. Prägend für seine Hinwendung zur Kunst war ein Erlebnis während der Schulzeit: „Es war im Jahr 1954, als ich ohne Erlaubnis meiner Eltern per Autostopp nach Italien gefahren bin. Einmal blieb ein amerikanisch aussehendes Auto stehen, drinnen ein japanisch aussehender Mann, der sich als Okamoto vorstellte. Yoichi R. Okamoto wurde später ein berühmter Fotograf in den USA. Damals arbeitete er für das „Life Magazin“ und in den vier Stunden, in denen er mich nach Salzburg mitnahm, erzählte er mir alles über das Fotografieren und auch, dass er bald eine Ausstellung in Wien hätte, zu deren Eröffnung er mich auch einlud. Und so bekam ich als 15-Jähriger eine Einladung in die Galerie Würthle. Das war mein Eintritt in die Galerieszene.“

„Fast alles, was ich über Malerei gelernt habe, habe ich von John“, fügt der ehemalige Bundespräsident hinzu. „Das ehrt mich“, freut sich dieser, „ich kann sagen: Alles, was ich über Malerei gelernt habe, habe ich von Prachensky (Josef, Anm.), Mikl, Rainer oder Hollein gelernt.“ Von den Großen der österreichischen Nachkriegskunstszene also, die der Politiker Heinz Fischer, der im Jahr 1971, als Bruno Kreisky mit der SPÖ die absolute Mehrheit erreichte, erstmals in das Parlament gewählt wurde, alle durch seinen Volkschulfreund persönlich kennenlernte. „John machte mich mit dem Bildhauer Fritz Wotruba bekannt. Auch mit den Malern Prachensky und Wolfgang Hollegha, dessen Tochter meinen Kindern Mathematiknachhilfe gab. Im Burgenland haben wir gemeinsam den Bildhauer Karl Prantl besucht, die Kärntner Malerin Maria Lassnig habe ich auch durch John kennengelernt. Sie schenkte mir ein kleines Bild, auf das sie schrieb: ‚Für den lieben Bundespräsidenten Heinz Fischer‘“, freut sich dieser.

„Diese Kunstwelt hat mich immer sehr interessiert. Aber ohne meinen Freund und seine Galerie Ulysses hätte ich sie nie so gut kennengelernt. Musik ist mir übrigens auch wichtig. Das hatte mit meinem Musikprofessor Friedrich Cerha zu tun.“

In ihrer Freundschaft begegneten sich mit Politik und Kunst also zwei sehr unterschiedliche Welten, das sei aber schon in der gemeinsamen Schulzeit so gewesen, meint der Galerist. „Heinz und ich, das waren immer schon zwei Welten. Seine Welt war die des guten Schülers, der die Schule ernst nimmt. Und ich, ich war der Verkommene.“ „*Fishing for compliments*“, widerspricht Heinz Fischer schmunzelnd. „Nein, ich habe in der Schule schon etwas zusammengebracht“, lacht John Sailer, „eine Mahnung in Betragen zwischen vier und fünf“.

„Also, ich hatte auch einmal einen Vierer in Betragen“, überrascht der Altbundespräsident. „Ich hatte in meiner Schulzeit immer ein mittelgutes Zeugnis, von der ersten bis zur achten Klasse. Nur in Turnen, da hatte ich ausnahmslos immer ein Sehr Gut. Und in Betragen hatte ich nie eines“, erzählt Heinz Fischer, der auch als Politiker immer ein passionierter Wanderer und Bergsteiger geblieben ist. „Der Heinz war für mich immer jemand, den ich bewundert habe“, setzt John Sailer fort. „Tut mir leid, ich will dich nicht in Verlegenheit bringen, das ist einfach so“, wehrt er die Versuche seines Freundes, das mit einem Augenzwinkern zu verneinen, ab. „Auch als Folge meines Disputs mit dem Religionslehrer ist die Idee, zwischen Gut und Böse zu unterscheiden, eine Frage, die mich mein ganzes Leben beschäftigt. Und ich weiß, er hört das nicht so gern, aber ich habe Heinz Fischer mein Leben lang dafür bewundert, dass er in der harten Welt der Politik immer versucht hat, Streit zu vermeiden. Ich weiß, dass er ein großes Harmoniebedürfnis hat.“

Stimmt Heinz Fischer dieser Analyse seines Freundes zu? „Unnötiger Streit kostet unnötige Energien. Und ich war eigentlich stolz, als mir im Parlament manche freundschaftlich den Spitznamen ‚Onkel Salomon‘ gegeben haben, weil ich oft versucht habe, auch in verfahrenen Situationen faire Lösungen zu finden.“ Eine Eigenschaft, die er ab 1975 als Klubobmann, ab 1977 als stellvertretender SPÖ-Vorsitzender, als Wissenschaftsminister, später als Nationalratspräsident und schließlich als Bundespräsident, wohl sehr gut gebrauchen konnte.

Sein Freund John Sailer beobachtete die politische Karriere seines Freundes von Beginn an mit großem Interesse, überlegte sogar immer wieder, ob er sich nicht selbst politisch engagieren sollte. „Ich war 19 Jahre alt, als mein Vater starb, da kam eine Reihe politischer Persönlichkeiten zu uns, um zu kondolieren. Einige von ihnen boten sogar an, mein Vormund zu werden und luden mich ins Parlament ein. Ich hatte gerade mein Studium begonnen und es gab schon eine gewisse Versuchung, eine Parteikarriere zu starten. Immer wieder wurde ich dazu auch aufgefordert. Bruno Kreisky schickte seinen engen Mitarbeiter Hans Thalberg zu mir, das brachte mich schon sehr zum Nachdenken. Aber ich erkannte, dass ich das nicht wollte, weil ich mich immer als Einzelgänger betrachtete. *I am an outsider.* Drei Minister fragten mich, ob ich ein Museum leiten möchte. Hertha Firnberg drängte mich regelmäßig dazu. Aber ich lehnte immer ab, ich betrachte das alles lieber von außen", erklärt Sailer, warum er bei aller Faszination und Interesse für die Politik, anders als sein Freund, keine politische Karriere anstrebte.

Karriere beeinflusste Freundschaft nie

Dass sein langjähriger Freund immer höhere Positionen bezog, bis er schließlich zwölf Jahre lang das höchste Amt im Staat ausübte, habe ihre Freundschaft in keiner Weise beeinträchtigt, darüber sind sich beide Herren einig. „Auch als Bundespräsident saß ich genauso hier in seiner Wohnung wie wir jetzt. Aus meiner Sicht haben meine Funktionen mein Verhältnis zu John nie substanziell beeinflusst. Ich bin auch gerne zu Ausstellungseröffnungen gekommen, wie schon immer."

John Sailer wiederum ist es wichtig, an dieser Stelle noch einmal darauf zurückzukommen, was er an seinem Volksschulfreund seit jeher bewundert: „Heinz ist immer integer geblieben, egal, welche Funktionen er ausübte. Daher habe ich ihn auch immer gern gesehen und getroffen. Aristoteles unterscheidet bekannterweise drei Formen von Freundschaft: Freundschaft aus Lust, Freundschaft aus Nutzen und vollkommene Charakterfreundschaft. Unsere Freundschaft war immer die reine Freundschaft. Dieses Gefühl hatte ich immer mit Heinz. Wäre er nach seiner politischen Karriere irgendein Lobbyist für Kasachstan beispielsweise geworden", meint John Sailer in Anspielung auf so manche Post-Politik-Karriere, „dann hätte sich das wahrscheinlich negativ auf unsere Freundschaft ausgewirkt", meint der Galerist, der auch erzählt, wie wichtig für ihre Freundschaft sei, dass er sich auch mit Margit, der Ehefrau von Heinz Fischer, sehr gut verstehe.

„Wenn wir versuchen, in Kategorien zu denken, dann ist es wohl so, dass es Menschen gibt, die man kennenlernt, und es entwickelt sich eine starke Bindung, eine starke Freundschaft, und dann fährt man zusammen Schi, geht segeln, fährt auf Urlaub. Mit John war das nie so. Wir waren nie gemeinsam auf Urlaub. Aber ich wusste immer, es gibt ihn und ich kann ihn immer anrufen. Schön ist auch, dass er meine Frau Margit so schätzt. Wir können uns auch zu dritt wunderbar unterhalten. Also, ich würde sagen, unsere Freundschaft war immer schon auf Langstrecke angelegt. Seit ich denken kann, ist John etwas ganz Spezielles für mich", freut sich der ehemalige Bundespräsident über die lebenslange Freundschaft. „Und jetzt kommt noch etwas dazu", setzt sein Freund, der mit seiner Begeisterung für Philosophie nicht hinter dem Berg hält, fort. „Das soll jetzt nicht missverstanden werden. Aber ich liebe meine Freunde. Zwischen Liebe und Freundschaft ist ja ein schmaler Grat. Erotisch gesehen zieht es mich zu den Frauen, aber ich liebe meine Freunde. Eine Zeitlang gab es auch mit Heinz eine gemeinsame Freundesgruppe mit vier bis fünf anderen. Einer feiert heuer seinen 90er, der Karl Blecha, der gehörte auch immer dazu." Wobei beide betonen, dass ihre Freundschaften selbstverständlich auch über Parteigrenzen hinweg reichten. „Ich hatte mit vielen hochrangigen Persönlichkeiten, die anderen Parteien angehörten als ich, echte Freundschaften“, erzählt Heinz Fischer. „Zum Beispiel mit Sixtus Lanner, dem ehemaligen Direktor des Bauernbunds. Eng befreundet war ich auch mit dem ehemaligen ÖVP-Politiker Stephan Koren oder auch mit Robert Graf, ÖVP-Wirtschaftsminister in den 1980er-Jahren.“

„Weißt du, wer hier vor ein paar Tagen gesessen ist? Wilhelm Molterer“, erzählt Sailer. „Ja, mit dem bin ich auch recht gut. Er war ÖVP-Chef, ich war SPÖ-Politiker. Aber als Menschen konnten wir gut miteinander“, fügt Heinz Fischer hinzu und findet es schade, dass parteiübergreifende Freundschaften heute weniger und schwieriger geworden sind. „Das lag schon auch an der großen Koalition, die bei allen Nachteilen wie Proporz et cetera doch auch für einen Konsens im Land sorgte, den es heutzutage nicht mehr gibt. Bruno Pittermann (ehemaliger SPÖ-Vorsitzender und Vizekanzler, Anm.) und Hermann Withalm (ehemaliger ÖVP-Spitzenpolitiker und als Klubobmann oft kongenialer Gegenspieler von SPÖ-Klubobmann Pittermann, Anm.) beispielsweise waren politische Gegner, aber persönlich auch Freunde. Wenn Pittermann einmal im Jahr in Montecatini in Italien zwei Wochen auf Kur war, gab es ‚Montecatini-Frieden‘ mit dem ÖVP-Klub: ‚Wenn der Pittermann wegen seiner Gesundheit in Montecatini auf Kur ist, gibt es Burgfrieden und wir verlangen keine Sondersitzungen und machen nichts, was seiner Gesundheit schadet‘, sagte Withalm und Pittermann revanchierte sich auf ähnliche Weise. Ich glaube, das wäre heute unmöglich. Vielleicht tragen auch die sogenannten sozialen Medien zu dieser Polarisierung, Zuspitzung und gegenseitigem Misstrauen bei.“

„Ich habe diese Kultur des Miteinanders sehr geschätzt“, meint auch sein Freund John Sailer, der für sich eine Erklärung für die zunehmende Polarisierung der Gesellschaft gefunden hat: „Meiner Meinung nach hat alles mit dem Eintritt der Beratungsfirmen, der Konsulenten begonnen. Für mich sind diese Consulting Companies und Lobbyisten die Bösewichte der Politik, international gesehen. Das sind Scharfmacher, man braucht ja nur in die USA oder nach Großbritannien zu schauen. Es gibt eine internationale Entwicklung zur Bösheit."

Bis zu einem gewissen Grad stimmt dem auch Heinz Fischer zu, der meint: „Das ist ja nicht nur ein österreichisches Phänomen. Es ist wesentlich anstrengender, Gutpunkte für sich selbst zu sammeln, als den anderen Negativpunkte zu verpassen." Eine unerfreuliche Diagnose der politischen Entwicklung und des Umgangs miteinander sei das, sind sich beide einig, die immer auch darauf achteten, dass ihre ewige Freundschaft nicht als ‚Freunderlwirtschaft" gesehen werden konnte. Als Heinz Fischer Wissenschaftsminister war, bekam John Sailer die Chance, in New York die Ausstellung „Wien um 1900" zu gestalten. „Ich war damals mit dem Direktor des Museum of Modern Art recht gut befreundet, und die wollten so eine Ausstellung, was mich auch sehr interessierte. Politisch verantwortlich in Österreich war mein Freund Heinz. Das hätte in einem falschen Licht gesehen werden können. Also fanden wir eine gute Lösung, indem ich an meinen Freund, den Wissenschaftsminister, einen Brief schrieb, dass ich diese Ausstellung machen wolle, ohne dafür ein Honorar zu erhalten. So konnten wir ein Problem aus der Welt schaffen, bevor es ein Problem hätte werden können", erzählt John Sailer.

Viel könnten die beiden noch über ihre mehr als 70-jährige Freundschaft berichten, das Wichtigste und der Kern ihrer Verbundenheit sei aber gut beschrieben, meinen beide, die jenseits ihrer 80 Jahre immer noch voll im Leben stehen.

Haya Molcho & Ellen Lewis

GEMEINSAM LACHEN UND WEINEN

Wenn Ellen Lewis durch Wien spaziert, passiert es nicht selten, dass sie auf das neueste Lokal oder auf ein besonders gutes Rezept angesprochen wird. Dabei kann Ellen absolut nicht kochen und wollte auch nie ein Restaurant betreiben. Das überlässt sie lieber ihrer besten Freundin Haya Molcho, der sie auf den ersten Blick tatsächlich ähnlich sieht, sodass sie oft für die bekannte Gastronomin selbst oder deren Schwester gehalten wird. „Wir haben beide Locken, wahrscheinlich auch einen ähnlichen Stil, vielleicht auch eine ähnliche Ausstrahlung. Wir sind wie Hunde und ihre BesitzerInnen, die einander über die Jahre ähnlich wurden“, schmunzelt Haya und rät ihrer Freundin scherzhaft, sie solle das ruhig so stehen lassen, wenn sie mit ihr verwechselt würde, manchmal würde sie von Menschen spontan eingeladen, das sei doch nicht so übel. „Solange sie nicht wollen, dass du kochst“, lacht sie. „Ja, solange ich nicht kochen muss“, stimmt Ellen Lewis lachend ein.

Ab dem ersten Moment unseres Gesprächs über ihre langjährige Freundschaft strahlen Haya und Ellen eine Verbundenheit aus, wie sie bei Freundinnen für Außenstehende nicht oft spürbar ist. Diese beiden Frauen sehen einander nicht nur ähnlich, sie ticken auch ähnlich und das bemerkten sie selbst sofort, als sie einander vor inzwischen 24 Jahren zum ersten Mal beim Abholen ihrer Kinder am Gang der Vienna International School begegneten. Haya Molcho war damals nicht nur die Ehefrau an der Seite eines weltberühmten Pantomimen, sondern auch Mutter von vier Söhnen, also eine „24/7-Familienmanagerin“.

Ellen Lewis war 13 Jahre nach ihrem ersten Wien-Aufenthalt gerade mit ihrem Mann und ihren beiden Töchtern nach Österreich zurückgekehrt, weil ihr Mann Walther Hetzer Direktor der Vienna International School geworden war, weshalb die gebürtige US-Amerikanerin nicht mehr als Lehrerin an der International School arbeiten durfte. Stattdessen begann sie mit vielen Jahren Berufserfahrung (in Österreich, Italien und Belgien) an einer anderen großen internationalen Schule, der American International School Vienna, zu unterrichten. Ellens ältere Tochter Hannah ist in Italien geboren und die jüngere Rebecca in Belgien. Zu Hause zu bleiben wäre für die in Los Angeles aufgewachsene und feministisch geprägte Mutter von zwei Töchtern nie eine Option gewesen.

Ganz im Gegensatz zu ihrer Freundin Haya. „Ich blieb sehr gerne für meine Familie zu Hause und bereue das nicht eine einzige Sekunde, hatte nie ein Problem damit, Hausfrau zu sein. Wahrscheinlich war ich die erste Frau in Wien, die auf die Frage, was ich arbeitete, damals mit: ‚Ich bin selbstständig' antwortete. Was auch stimmte: Mit vier Kindern und meinem Mann Samy, der weltweit auftrat, hatte ich mehr als genug zu tun, aber ich konnte meine Zeit so einteilen, wie ich wollte. In Europa macht man meiner Meinung nach einen großen Fehler, wenn man Mütter so hinstellt, als würden sie nichts leisten. ‚Was machst du eigentlich den ganzen Tag?', müssen sich Mütter oft fragen lassen. Ich war diesbezüglich immer eine Kämpferin für die Anerkennung von Frauen, die sich entscheiden, Mutter zu sein. Mit unseren Kindern und unserem Haushalt hatte ich mehr als alle Hände voll zu tun. Ich habe dadurch sehr viel für meinen heutigen Beruf gelernt, davon bin ich absolut überzeugt!", sagt die gebürtige Israelin, die in den letzten Jahren höchst erfolgreich ein kulinarisches Imperium aufgebaut hat.

„Ellen und ich haben diesbezüglich unterschiedliche Auffassungen. Das mindert in keiner Weise unsere tiefe Verbundenheit",

Werden oft für Schwestern gehalten oder miteinander verwechselt

fügt sie lachend hinzu. „Ich bin völlig anders aufgewachsen als Ellen. In Los Angeles haben Frauen immer gearbeitet, in meiner Kultur bleiben Frauen vielleicht öfter zu Hause, aber sie haben in der Familie unglaublich viel zu sagen. Manchmal mehr als in Westeuropa. Das Konzept ist einfach ein anderes. Ich denke, dass wir uns nie so emanzipieren mussten, weil wir es eigentlich immer waren. In Israel müssen Frauen genauso wie Männer zum Heer, es gibt Pilotinnen in hochmodernen Kampfjets." „Aber", unterbricht sie Ellen, „das Rollenverständnis ist trotzdem traditionell, nach dem Motto: Die Frau kann schon viel Einfluss haben, aber der Boss ist trotzdem immer noch der Mann. Das haben wir beide schon hunderte Male miteinander diskutiert", lacht sie und beide Freundinnen wissen, dass sie in diesem Punkt nie einer Meinung sein werden. Obwohl sich ihre Rollen de facto vertauschten, seitdem sie einander kennen.

Aus der Hausfrau Haya wurde eine weit über Österreich hinaus bekannte Köchin und Gastronomin, obwohl sie erst im Alter von 50 Jahren in das Businessleben eingestiegen war. Zuerst mit Catering, dann mit einem kleinen Lokal am Wiener Naschmarkt, dem NENI, benannt nach den Anfangsbuchstaben ihrer Söhne Nuriel, Elior, Nadiv und Ilan Molcho, die bis auf Nadiv, der als erfolgreicher Schauspieler in Los Angeles lebt, alle wichtige Säulen des Familienunternehmens sind. Inzwischen gibt es elf NENI-Restaurants weltweit, NENI-Produkte in Supermärkten in Österreich, Deutschland und der Schweiz. Weiters sieben Kochbücher mit den besten Rezepten aus dem NENI-Imperium. NENI-Kochkurse, unzählige TV-Auftritte von und Dokumentationen über Haya Molcho. Und und und.

Ellen hingegen, an einer der renommiertesten Universitäten der Welt, an der University of California, Berkeley ausgebildete Literaturexpertin gleitet langsam Richtung Pension, auch wenn sie als selbstständige Universitätsberaterin nie ganz zu arbeiten aufhören will.

Wenn es sofort passt ...

Als sich die beiden Frauen erstmals begegneten, lebten sie sehr unterschiedliche Frauenleben, merkten aber sofort, wie ähnlich sie einander waren.

„Es gibt Momente und Begegnungen im Leben, da merkst du sofort: Das passt. So war das für mich auf Anhieb mit Ellen. Ganz sicherlich spielt da unser beider jüdischer Background eine Rolle. Denn egal von wo du kommst, bedeutet jüdisch zu sein, eine ähnliche Erziehung und ähnliche Werte bekommen zu haben. Es geht um eine Offenheit, vielleicht auch um den Mut, sich stets weiterzuentwickeln. Ich habe Ellen gesehen und habe sofort gewusst, dass ich diese Frau kennenlernen möchte. Sie hat mich interessiert. Nicht, weil ihr Mann der Direktor der Schule meiner Söhne war. Es ging nur um sie", erinnert sich die Wahl-Wienerin, die als Kind mit ihren Eltern von Tel Aviv nach Deutschland gekommen war, wo sie nach der Schule Psychologie studierte.

„Als ich Haya das erste Mal begegnete, waren wir gerade wieder nach Wien zurückgekehrt, wo ich mit meinem Mann schon vor 13 Jahren einmal gelebt hatte. Danach waren wir in Italien, dann in Belgien und kamen mit beiden Mädchen schließlich wieder hierher. Wir kamen im Sommer in Wien an und kurz vor dem hohen jüdischen Feiertag im Herbst, dem jüdischen Neujahrstag Rosch ha-Schana, kamen Haya und ich am Schulgang das erste Mal ins Gespräch", erzählt Ellen und Haya setzt fort: „Ich wusste, dass sie ganz neu in Wien war und ich wusste, dass Ellen so wie ich jüdischer Abstammung ist. Und so fragte ich sie, ob sie mit ihrer Familie zu uns zum jüdischen Neujahrsfest kommen will."

„Haya war eine unglaublich großzügige Gastgeberin. Sie hat endlos Menschen zu sich eingeladen und bekocht und so begann sie damals, uns und mich einfach auch einzuladen. Obwohl ich damals nicht gut Deutsch konnte, integrierte sie uns in ihr Sozialleben", schildert Ellen die ersten Treffen mit ihrer Freundin, die ihr auf diese Weise ermöglichte, „leichter in Wien anzukommen" und die, so wie Haya auch, „sehr schnell eine Wärme und Verbindung“ spürte.

Schon bald gab es gemeinsame Urlaube mit den Familien, ob in Frankreich, Israel oder beim Skifahren, Hauptsache gemeinsam. „Ich denke, wir haben uns auch als Familien so schnell so eng zusammengefunden, weil unsere Kinder in derselben Schule waren und weil weder Haya noch ich unsere Eltern oder andere Familienmitglieder in Österreich hatten“, meint Ellen. „Stimmt!“, pflichtet ihr Haya bei, „und ich glaube bis heute, dass diese Verbindung für unsere Kinder sogar wichtiger war als für uns.“ Inwiefern? „Wenn Kinder aus dem Land wegziehen, wo ihre Eltern leben, so wie Ellens Töchter, dann haben sie ihren Eltern gegenüber manchmal ein schlechtes Gewissen, dass sie sie sozusagen verlassen, wo diese doch alles für sie getan haben. Also vielleicht ist das meine Überinterpretation, aber ich denke das so. Und ich denke, dass es für Kinder eine Beruhigung ist, wenn sie wissen, dass ihre Eltern in guten Freundschaften eingebettet sind. Also von Ellens Tochter Rebecca, die seit Jahren für internationale Hilfsorganisationen tätig ist und immer in den schwierigsten Regionen dieser Welt arbeitet, habe ich schon oft gehört: ‚Ich bin sehr glücklich, dass meine Mama dich hat und auch dass du sie hast.‘ Unsere Kinder lieben es, wenn wir zusammen sind. Meine Jungs sind begeistert davon, dass Ellen meine beste Freundin ist! Auch Ellens Tochter Hannah, die inzwischen seit 14 Jahren in New York lebt, findet unsere Freundschaft besonders schön. Unsere Kinder sind alle aus dem Haus, aber natürlich wollen sie auch, dass wir Mütter glücklich sind. Alle meine Söhne haben eine Zeitlang im Ausland gelebt. Wir lieben unsere Kinder, wie vermissen sie auch, aber wir können beide gut loslassen. Und es hilft uns, dass wir uns als Freundinnen dabei unterstützen. Ich finde das sehr wichtig“, meint Haya Molcho, „ich würde sogar so weit gehen, dass ich sage: Wir sind für unsere Kinder wie Ersatzmütter. Ellen für meine Söhne und ich für ihre Töchter. Ellen kennt mich genauso gut wie mich meine Kinder kennen. Für mich ist Freundschaft eines der wichtigsten Dinge des Lebens! In den letzten Jahren werde ich oft zu meiner Karriere befragt und zu meinem Erfolg, wie immer man das nennen mag. Und ich sage immer, das Wichtigste ist und bleibt Familie und Freunde. Das andere, also Erfolg oder Karriere, das kommt und das geht. Familie und Freunde bleiben!"

Wobei das eine und das andere bei Haya Molcho stark ineinander verwoben ist. Nicht nur, weil sie für NENI eng mit ihren Söhnen zusammenarbeitet. Auch ihre Freundin Ellen und deren Familie waren von den ersten NENI-Anfängen am Naschmarkt involviert. „Ellen kann zwar nicht kochen, aber sie kann sehr gut abschmecken und ich habe sie immer schon gefragt, ob sie mithelfen möchte, wenn wir auf der Suche nach dem perfekten Geschmack unserer Gerichte sind. Auch was Innenausstattung, Architektur, unser ganzes Look-and-Feel-Konzept betrifft, ist Ellen immer eine wichtige Ansprechpartnerin für mich."

Und so erinnern sich beide Frauen gern an eines der ersten großen Caterings von Haya für die Bat Mitzwa von Ellens Tochter Hannah, die in Südfrankreich gefeiert wurde. „Es galt, 150 Gäste aus der ganzen Welt zu bewirten. Die Küche, in der ich dafür arbeiten sollte, hatte ich zuvor nie gesehen und ich wusste nicht, wie ich das bewältigen sollte. Aber spontan, wie ich bin, sagte ich natürlich sofort zu, als mich Ellen darum bat", schüttelt Haya lachend ihren Kopf, „also bin ich mit Ellen gemeinsam in den Süden gefahren, wir beide mit einem vollbepackten Transporter. Also das musst du dir mal vorstellen: zwei Frauen, zu lauter Musik singend und tanzend im Auto. Irgendwann mussten wir stehen bleiben, weil das Auto streikte, die Polizei kam ..." „Ja, was haben wir es lustig gehabt!", fällt ihr Ellen mit strahlenden Augen ins Wort und erzählt, wie sie gemeinsam eine Woche lang alles für das große Fest für ihre Tochter herrichteten. Oder wie sie einige Zeit später in Wien die Taborstraße entlanggingen und Haya mit ihrer besten Freundin erstmals darüber sprach, dass sie ein eigenes Lokal eröffnen wolle. „Ich war auf Location-Suche für mein erstes Lokal damals. Zuvor hatte ich ausschließlich Caterings gemacht und immer, wenn ich bei großen Events im Einsatz war, kam mich Ellen dort besuchen. Auch die Kinder halfen immer mit." „Stimmt, meine Tochter Rebecca war einmal Kellnerin in deinem Restaurant Tel Aviv Beach am Donaukanal, sogar beide Töchter waren irgendwann dabei", erinnert sich Ellen, die Haya als wesentlich „risikofreudiger" einschätzt als sich selbst.

„Man sieht selten, dass jemand, der schon über 50 Jahre alt ist, so schnell und derart lernfähig ist", streut sie ihrer Freundin Rosen und meint, dass sie es manchmal nicht wirklich fassen könne, wie schnell Haya so erfolgreich wurde und mit welcher Natürlichkeit und Gelassenheit sie inzwischen in der Öffentlichkeit stehe. „Dabei hast du es gehasst, vor vielen Menschen zu reden. Ich kann mich genau erinnern, als du in deinem Lokal am Naschmarkt das erste Mal vor einer Gruppe von zehn Menschen reden musstest. Das hat dich irrsinnig nervös gemacht damals und ich habe dir dann empfohlen, vor diesem Auftritt ein Glas Prosecco zu trinken, um ruhiger zu werden." „Stimmt! Obwohl ich normalerweise überhaupt keinen Alkohol trinke. Ellen ist eine Weinliebhaberin, mir schmeckt Alkohol einfach nicht. Ellen und mein Mann Samy trinken gern Wein zusammen, Ellens Mann Walther und ich kochen gern miteinander", ergänzt sie lachend.

Das von ihrer Freundin empfohlene Glas Prosecco trank sie damals aber und es hätte auch geholfen, schmunzelt Haya Molcho, die inzwischen ohne große Nervosität vor vielen Menschen oder im Fernsehen auftritt. „Ich denke, ich kann das, weil ich dabei authentisch bin. Ich liebe meinen Job und ich glaube an das, was ich tue. Das gibt mir eine Sicherheit. Solange du unsicher bist, hast du Hemmungen, bist du nervös. In dem Moment, wo du sicher bist, dass es richtig ist, was du tust und da gehört für mich sehr stark Authentizität dazu, bist du nicht mehr nervös. Ich stehe zu meinen Meinungen, deshalb kann ich sie auch in der Öffentlichkeit kundtun. Möglicherweise wird jemand mit mir diskutieren wollen, aber wenn ich klar bin, dann wird mir auch geglaubt, was ich sage“, meint sie mit großem Selbstbewusstsein und voller Überzeugung.

Freundschaftliche Streitkultur

„Wir sind beide recht temperamentvoll. Haya wahrscheinlich noch ein wenig mehr als ich. Und sie ist wahrscheinlich noch direkter als ich“, meint Ellen über ihre freundschaftliche Streitkultur, denn diskutieren und ehrlich Meinungen auszutauschen gehöre zu einer Freundschaft absolut dazu. „Ich komme aus einer sehr politischen Familie, ich habe eine sehr starke politische Meinung, diesbezüglich bin ich härter in Diskussionen als Haya. Bei persönlichen Dingen bin ich die Sensiblere und Sanftere von uns beiden.“ Wobei sie einander längst so gut kennen, dass sie gut einordnen können, wie die beste Freundin etwas meint, egal wie „temperamentvoll“ sie es vortrage. „Natürlich sehen wir nicht immer alles gleich, das wäre ja auch langweilig.

Aber es gibt natürlich einen gewissen politischen Grundkonsens zwischen uns. Keine von uns beiden könnte mit einem rassistischen Menschen befreundet sein“, erläutert Ellen. „Also die FPÖ könnten wir beide nicht wählen“, bringt es Haya auf den Punkt, „rechtspopulistische, fremdenfeindliche Ansichten sind mit unserer Demokratie unvereinbar.“ Die ähnliche Mentalität und ihr gemeinsamer kultureller Background waren von Anfang an wichtig für die starke Verbundenheit zwischen Haya und Ellen, die sich beide als Ausländerinnen in Wien ein neues Leben aufbauten. „Für mich war es leichter als für Ellen“, meint Haya, „ich konnte Deutsch. Und ich kam mit 23 Jahren nach Wien, weil ich Samy Molcho heiratete, der so wie ich aus Israel stammt, aber der damals schon eine Zeitlang in Wien lebte. Ich war sofort verliebt in Wien, weil Wien die Stadt von Samy war, also sah ich hier alles durch die rosarote Brille. Wien war damals genau so grau und unfreundlich, wie Ellen das wahrnahm, aber ich kam hierher, verliebt bis über beide Ohren und ich kam durch meinen Mann sofort in eine Gruppe spannender Persönlichkeiten aus Kultur und Politik“, erinnert sich die Gastronomin an ihre erste Zeit in ihrer neuen Heimat.

Als sie Samy Molcho 1978 heiratete, war dieser bereits ein internationaler Star, war ein weltweit gefragter Pantomime und begeisterte als Erforscher und Wegbereiter der Analyse der Körpersprache mit seinen Vorträgen, Seminaren und Büchern. Bis 2004 war Samy Molcho als Professor an der Universität für Musik und Darstellende Kunst und am Max Reinhardt Seminar in Wien tätig und ist nach wie vor ein gefragter Experte und Vortragender. Haya Molcho war jahrelang die Frau hinter dem weltberühmten Samy Molcho, inzwischen steht sie öfter in der Öffentlichkeit als ihr Mann.

Auch für Ellen Lewis wurde Wien der Liebe wegen zu ihrer neuen Heimatstadt, als ihr Mann bei der Gründung der UNO-Schule, der Vienna International School, von der UNO-Schule in New York nach Wien bestellt wurde und wo Ellen dann auch unterrichtete. „Das war 1979, ich war 24 Jahre alt, als ich nach Wien kam. Aber für mich war die österreichische Mentalität wirklich sehr schwierig. AusländerInnen waren damals nicht willkommen, das war deutlich zu spüren. Und die Stadt war grau und abweisend, ganz anders als das heutige offene und liberale Wien, wo wir gerne leben.“ Als Ellen nach sechs Jahren in Italien und sieben Jahren in Brüssel wieder nach Wien kam, musste sie sich neuerlich hier einfinden und fand in Haya schnell eine Vertraute. „Wir beide haben uns in so vielen Punkten gefunden und sofort so gut verstanden, auch unsere jüdische Herkunft spielte dabei eine Rolle“, meint Haya, „Wir sind beide nicht sehr religiös, aber wir leben jüdische Traditionen. Die österreichische jüdische Mentalität ist allerdings eine andere als unsere. Was uns auch von Anfang an verband, war, dass wir nicht in der Wiener jüdischen Gesellschaft aufgewachsen sind."

„Wir kommen aus L. A. und aus Tel Aviv, in unseren Familien gibt es keine direkten Holocaust-Überlebenden. Für uns war der Holocaust nicht das prägendste Thema, für Jüdinnen und Juden in Österreich oder Deutschland natürlich schon. Ich glaube, das ist ein Grund, warum es wahrscheinlich anders für uns ist, Jüdinnen in Wien zu sein", analysiert Ellen. Deshalb seien ihre beste Freundin Haya und sie selbst offener im Umgang mit anderen Menschen, sei es für sie immer eine Selbstverständlichkeit gewesen, miteinander alles im größten Vertrauen zueinander zu besprechen. „Wir können diskutieren, wir können streiten, aber wir würden uns niemals etwas übelnehmen. Absolute Ehrlichkeit, das ist eigentlich das Wichtigste zwischen uns beiden.

Ellen könnte mich um zwei Uhr nachts anrufen, wenn sie etwas belastet und ich würde selbstverständlich für sie da sein. Manchmal, da schütten wir voreinander richtig das Herz aus", freut sich Haya. „Und selbstverständlich teilen wir auch ganz persönliche Gedanken. Es gibt so viele Dinge, die wir übereinander wissen. Das ist für mich auch ein wichtiges Zeichen von Freundschaft. Freundschaft ist für mich etwas anderes als eine Partnerschaft. Mit Samy rede ich anders als mit Ellen. Manchmal ist Ellen für mich meine persönliche Klagemauer, in die ich hunderte kleine Zettelchen stecken kann. Samy ist bereits überfordert, wenn er einige wenige sieht", scherzt Haya mit einem liebevollen Augenzwinkern.

„Haya ist ein sehr emotionaler Mensch", fährt Ellen fort, „aber als ich sie kennenlernte, sah ich sie nie weinen. Ich glaube, sie hat durch mich gelernt, dass sie auch mal loslassen kann, dass sie in unserer Freundschaft in einem geschützten Raum ist, wo sie ihre Emotionen nicht verstecken muss. Ich wiederum habe von Haya gelernt, Kritik anzunehmen, besser mit Kritik umzugehen. Diesbezüglich war ich früher viel zu sensibel, nahm immer alles viel zu persönlich."

Reisen und Humor

Selbstverständlich haben beide auch andere enge Freundinnen, sind mit Österreicherinnen genauso befreundet wie mit Menschen aus der ganzen Welt, aber jede Freundschaft bringt etwas Besonderes. „Für mich gibt es mit niemand anderem eine so große Selbstverständlichkeit wie zwischen Ellen und mir. Bei anderen wichtigen FreundInnen habe ich mich an sie angepasst oder sie sich an mich. Und natürlich habe ich mich durch die lange Zeit in Wien an die europäische Mentalität angepasst und das ist ja auch schön. Aber niemand ist mir in der Emotionalität so nah wie meine beste Freundin", umschreibt Haya, warum Ellen und sie einander so wichtige Lebensmenschen sind, die noch etwas eint: der Humor.

„Als unsere Kinder klein waren, machten wir gemeinsam Skiurlaub, obwohl ich überhaupt nicht Skifahren kann", setzt Ellen an und beide Frauen schütteln sich vor Lachen über die Geschichte, die sie nun gemeinsam erzählen. „Haya konnte Skifahren, aber sie blieb mit mir und so gingen wir beide langlaufen, was ich zumindest ein wenig beherrschte. Während unsere Familien also Skifahren waren, waren wir langlaufen und hatten einen großen Spaß. Und dann sagte Haya irgendetwas derart Lustiges zu mir, dass ich im Stehen ausrutschte und mich so verletzte, dass ich sogar ins Krankenhaus musste", lacht Ellen über das gemeinsame Schneeabenteuer.

„Ach, wir könnten ja so viele Geschichten erzählen", prustet Haya. „Oh ja, und dann in Frankreich, in Aix-en-Provence, da haben wir so viel gelacht ...", zerkugelt sich Ellen. „Dass ich mir in die Hose gemacht habe", lacht Haya laut, „so richtig, nicht nur sprichwörtlich. Ich hatte eine weiße Hose an, weißt du noch?", sagt sie zu ihrer Freundin, der so wie Haya selbst vor Lachen die Tränen über die Wangen laufen. „Und ich habe dir dann irgendwo schnell eine neue Hose gekauft", weiß Ellen und beide lachen und schütteln ihre Köpfe. „Wir lachen und wir weinen. Wenn man das in einer Freundschaft nicht gemeinsam kann, dann hat man etwas versäumt", davon sind sie beide überzeugt.

In letzter Zeit sind ihre Gespräche oft ernster, wenn sie sich beispielsweise darüber austauschen, wie sie und ihre Männer älter werden und wie sie in dieser neuen Lebensphase damit umgehen. „Gestern hatte ich einen schlechten Abend", erzählt Haya Molcho am Ende unseres langen Gesprächs, „und einer meiner ersten Gedanken war, ich muss Ellen anrufen. Ihr kann ich ungefiltert erzählen, was mich gerade beschäftigt, wie es mir gerade geht. Es geht nicht immer darum, dass sie mir einen Rat gibt, es geht mir sofort besser, wenn ich spüre, dass sie mich verstehen kann." Familie könne man sich bekanntlich nicht aussuchen, Freundschaften schon, fasst die Gastronomin ihre Gedanken über ihre beste Freundin Ellen zusammen. „Meiner Meinung nach ist es ein großes Privileg, eine Freundschaft wie unsere zu leben. Wir können über alles miteinander reden, wir können uns seit vielen Jahren gegenseitig unterstützen und wir wissen, dass wir immer füreinander da sind, egal was passiert."

Einmal habe die eine mehr auf ihren Schultern, ein anderes Mal die andere, auf jeden Fall seien sie im ständigen Austausch, meinen die Freundinnen unisono, die beide nach wie vor oft um die Welt reisen. Wenn dafür Zeit bleibt, sehr gerne gemeinsam. Ob dorthin, wo sie herkommen, nach Israel oder nach Los Angeles oder nach Spanien oder Frankreich – lustige Geschichten haben Haya Molcho und Ellen Lewis von ihren gemeinsamen Urlauben immer zu erzählen ...

Hans Krankl & Herbert Prohaska

DER OPITZ UND DER ZWIRSCHINA

Es gibt nicht viele Persönlichkeiten, die in Österreich wirklich jede und jeder kennt und das über Generationen hinweg und völlig unabhängig davon, ob jemand ein Fußballfan ist oder mit diesem Sport gar nichts anfangen kann. Hans Krankl und Herbert Prohaska sind Nationalheilige, lebende Legenden, Giganten und viele andere Superlative, die ihnen über die Jahrzehnte zugeschrieben wurden. Wenn man sich also mit ihnen in einem bekannten Wiener Innenstadtcafé zum Interview verabredet, dann wird daraus ein unvergessliches Erlebnis. Vom Betreten des Lokals, wenn selbst die diskretesten Gäste zumindest einen verstohlenen Blick auf die beiden werfen, über die ersten Schmähs untereinander und mit den herbeieilenden Kellnern bis zum rund einstündigen Gespräch, in dem mir die beiden mit all ihren Erzählungen von Beginn an das Gefühl vermitteln, bei etwas Kultigem dabei zu sein.

Wobei auch schon die ersten Telefonate, das Vereinbaren unseres Rendezvous unglaublich lustig waren und erahnen ließen, wie die beiden Ausnahmesportler miteinander umgehen. Der Krankl werde sicher wieder ein Treffen in Hietzing vorschlagen, scherzte Herbert Prohaska, „weil er in dieser nobligen Gegend wohne“ und ihn immer dorthin locke, obwohl er selbst nördlich von Wien zu Hause sei und das ein „brader Weg“ sei. Also einigen wir uns auf ein Treffen mitten im Zentrum, um über die ewige Freundschaft zwischen den beiden Fußballern zu sprechen.

„Es dreht sich also um Freundschaft“, eröffnet ein bestens gelaunter Hans Krankl das Gespräch. „Ich habe mir beim Her-

Im Fußball Gegner – privat immer befreundet

kommen überlegt, wie man unsere Freundschaft beschreiben kann, das ist gar nicht so einfach. Wir sehen einander wahrscheinlich nur ein, zwei Mal im Jahr. Aber sobald wir uns begegnen, habe ich das Gefühl, als hätte ich ihn gerade erst getroffen. Es rennt sofort der Schmäh, wir verstehen uns unglaublich gut. Wenn er da jetzt ins Kaffeehaus kommt, habe ich das Gefühl, als hätten wir gestern miteinander Fußball oder Tennis gespielt und jetzt treffen wir uns schon wieder und der geht mir schon auf die Nerven", lacht der Goleador, wie Hans Krankl immer noch von vielen genannt wird. „Wir hatten immer einen super Draht zueinander. Privat sowieso, aber auch als Fußballer war das so. Das wissen viele Junge gar nimmer. Wir haben uns immer am Feld verstanden, obwohl wir die größten Rivalen waren: Er ist Austria, ich bin Rapid."

Und damit waren sie in der heimischen Fußballwelt wirkliche Gegner. Wäre da nicht die Sache mit der Chemie. „Ja, du kannst das gar nicht richtig beschreiben, es passt einfach immer die Chemie zwischen uns", sucht Krankl nach einer passenden Beschreibung seiner ewigen Männerfreundschaft mit Herbert Prohaska, der hinzufügt: „Heutzutage würden viele eine Freundschaft zwischen einem Austrianer und einem Rapidler kritisieren. Aber uns hat es nie gestört, dass wir gegnerischen Mannschaften angehörten. Wir sind gemeinsam essen gegangen, waren mit unseren Frauen im Musical. Nicht ständig, aber in regelmäßigen Abständen." Absolut unvorstellbar sei das heute, meinen sie unisono. „Aber ich hätte mich nie von jemandem beeinflussen lassen, wenn er gemeint hätte, wie kann der Prohaska dein Freund sein, wo er doch Austrianer ist. Das ist ja völlig vertrottelt", schüttelt Krankl den Kopf, der sich genauso wie sein neben ihm sitzender Freund gerne daran erinnert, wie sie einmal mit ihren Frauen tanzen gingen.

Familienmenschen und Musikliebhaber

Dass beiden ihr Familienleben sehr wichtig ist, ist eine von vielen Gemeinsamkeiten, die sie bald aneinander bemerkten und schätzten. „Wir sind beide hundertprozentige Familienmenschen. Das weiß ich von dir, so wie von mir, das brauchst mir gar nicht zu bestätigen", sagt Prohaska zu Krankl, der freudig erzählt, dass er bald 50 Jahre verheiratet ist. „Bei uns ist es ein Jahr weniger. Da steht es also 1:0 für ihn", lacht Prohaska, „er hat drei Kinder, ich habe zwei Kinder. Steht es also 2:0 für ihn. Aber bei den Enkerln, da schlagen wir zurück. Wir haben vier, er hat nur drei", scherzt er weiter. „Ja, stimmt. Ich habe nur drei Enkelkinder. Stehts also 2:1", gibt Krankl zurück.

Beide zerkugeln sich über ihren scherzhaften Familienwettstreit und man ahnt, wie oft sie schon über solche Schmähs miteinander gelacht haben. „Eine weitere Gemeinsamkeit fällt mir gerade ein. Wir haben beide Automechaniker gelernt. Und, das weiß ich auch, wir hatten oft dieselben Lieblingsvereine", setzt der 2004 offiziell zum Jahrhundertfußballer gekürte Herbert Prohaska fort. „Und dann gibt es halt diese vielen Themen, über die wir reden und gemeinsam lachen können." Wie ihr legendärer musikalischer Auftritt als „Der Opitz und der Zwirschina" Ende der 1980er-Jahre in der ORF-Sendung „Seinerzeit" von Teddy Podgorski. Hans Krankl war Trainer bei Rapid, Herbert Prohaska bei Austria, als der legendäre ORF-Journalist Teddy Podgorski die Idee hatte, die beiden mit dem Kabarettlied von Gerhard Bronner und Peter Wehle in seiner TV-Sendung auftreten zu lassen. „Ich kann mich noch erinnern, wie der Podgorski angerufen hat. Wir haben beide gleich zugesagt. Ich dachte mir, ok, das machen wir schnell, ist a Gaudi und danach fahr ich zum Training", lacht Prohaska und Hans Krankl weiß noch genau, wie erstaunt sie waren, als sie den Text des Liedes bekamen.

„Das waren ja unendlich viele Strophen, das ganze Lied hat fünf Minuten gedauert oder so. Und wir haben dauernd Fehler

Singende Fußballstars in der ORF-Sendung „Seinerzeit" 1990

gemacht, obwohl sie uns den Text auf ‚Neger' geschrieben haben. Darf man nimmer sagen, aber so hießen die großen Tafeln damals, auf denen unser Text stand und die sie uns zum Ablesen neben die Kameras hielten. Ich saß auf diesem Fußball und bei einem gewissen Stichwort musste sich Herbert dazusetzen und ich habe immer irgendwas falsch gemacht und wir haben nur mehr gelacht." „Der hat zu lachen angefangen und dann war es aus, wir konnten nicht mehr. Und es dauerte immer länger und ich musste eigentlich zum Training, Zuspätkommen stand bei mir als Trainer unter Strafe und das Schlimmste war, wenn ich meine eigenen Regeln nicht einhalten konnte", erinnert sich Prohaska an seine Not. „Hör jetzt auf, ich muss zum Training, hab ich ihm dauernd gesagt. Aber wir kamen aus dem Lachen nimmer raus."

„Das war eine der lustigsten Sachen, die ich je erlebt habe. Der fängt zu singen an, dann kommt so ein komisches Wort und aus wars." „Es ging einfach nichts mehr. Und die Mädchen, die rund um uns tanzen mussten, ich glaube, wenn die irgendwas in der Hand gehabt hätten, sie hätten uns derschlagn", prustet Krankl. „Zu Recht", pflichtet ihm Prohaska bei, dem so wie seinem Kollegen Musik immer wichtig war und ist.

Herbert Prohaska ist bekannt als Opernliebhaber, Hans Krankl war neben seiner Sportkarriere auch im Musikbusiness erfolgreich. Als Johann K. veröffentlichte er Mitte der 1980er-Jahre sein erstes Album, schaffte es mit einer Dialektversion von Paul Ankas Lied „Lonely Boy" auf Platz 2 der heimischen Hitparade, meldete sich nach einer längeren musikalischen Pause später mit „Der Bätmän bin i" in die Charts zurück und schrieb mit seinen „Rostigen Flügeln" mit Kottan's Kapelle Austropop-Geschichte. Mit der Coverband „Monti Beton" (in Anlehnung an die britischen Brachialkomiker Monty Python) trat Krankl unzählige Male auf. Und er sang auch gemeinsam mit seinem Freund Herbert. „Im Fernsehen sind wir damit nicht aufgetreten, aber das eine oder andere Mal haben wir schon die ‚Rostigen Flügel' gemeinsam gesungen", weiß Prohaska. „Also, wir singen beide gern. Nur, was das betrifft, ist er auf alle Fälle viel besser."

„Aber nein", widerspricht Krankl sofort. „Doch du bist viel professioneller", erwidert Prohaska. Einig sind sie sich aber sofort in der Abneigung zu Playback. „Der Toni Polster hat immer Playback gesungen und ich habe ihm immer gesagt: ‚Toni, du darfst nicht Playback singen'", erzählt der Goleador. Im Fernsehen sei Playback aufgrund der komplizierten Technik manchmal gerade noch tolerierbar, aber prinzipiell finden beide, dass es „nicht anzuhorchen" sei, wenn auch berühmte Künstler mit Playback auftreten.

„Ich bin ein alter Rhythm-and-Blues-Sänger", strahlt Krankl, den sein Freund nicht mit dessen Opernleidenschaft anstecken konnte. Zwar gehe auch er ab und zu in die Oper, gemeinsam waren sie aber noch nie. Für Herbert Prohaska hingegen ist die Oper ein ernsthaftes Hobby und wenn er von seinen letzten Opernbesuchen erzählt, wird seine Kennerschaft sofort deutlich. „In den letzten Jahren war ich nur zwei Mal in New York in der Oper, in Wien natürlich öfter, aber es war alles schwierig wegen Corona. Aber meine Frau will jetzt unbedingt den Jonas Kaufmann sehen, da müssen wir uns dringend um Karten kümmern."

Privat ist privat

Noch eine Gemeinsamkeit habe sie immer verbunden: das Privatleben privat zu halten. „Wir sind wirklich froh, dass wir als extrem erfolgreiche Fußballer in unserer aktiven Zeit zwar schon unter öffentlicher Beobachtung standen, aber dass wir trotzdem auch privat sein konnten. Kein Vergleich zu heute, mit Handy und allem Drum und Dran", wird Hans Krankl ernst, „wenn ich heute sehe, wie ReporterInnen auf den Fersen von Superstars wie Ronaldo, Messi und Co. kleben … ich hätte das nicht ausgehalten! Ich habe meine Familie immer im Hintergrund gehalten, bei mir kamen nie Reporter ins Wohnzimmer, weil die da nichts verloren haben."

Auch Herbert Prohaska findet es schlimm, wie viel Fußballstars heute von ihrem Leben der Öffentlichkeit preisgeben müssen und erinnert sich an einen fatalen Fehler im Umgang mit Medien. „Ich wollte auch nie etwas Privates in der Zeitung sehen. Nur einmal, ich glaube es war für ‚Täglich Alles' oder ‚Die ganze Woche' ließ ich mich von einem Journalisten, den ich schon lange kannte, dazu überreden, ein Foto von mir vor meinem Haus stehend aufzunehmen. Eigentlich wollte er eine Homestory, was ich natürlich ablehnte, aber er raunzte mich so lange an, bis ich einwilligte, dieses eine Foto zu machen. Unser Haus steht in Hanglage, also sah man auf dem Foto wirklich kaum etwas vom Haus. Nur als der Bericht dann erschien, stand dabei ‚Nobelbezirk Klosterneuburg'. Also ich weiß bis heute nicht, was nobel ist. Schön ist es dort halt."

„Ja, die Neidgemeinschaft", kommentiert Krankl Prohaskas Erzählung. „Ich hab mich damals zwar sehr geärgert, es dann aber auch wieder vergessen. Bis das Finanzamt bei mir anklopfte und wissen wollte, wie ich mein Grundstück finanziert hätte, pipapo. Im Endeffekt hat mich dieses eine depperte Foto 90.000,– Schilling gekostet", schüttelt er den Kopf. Sein Freund ärgert sich mit ihm und betont, wie wichtig ihm die Trennung zwischen seinem öffentlichen Leben als Sportler und seinem Privatleben immer war, genauso wie die Trennung zwischen Job und Privatmensch. „Bin ich Fußballer und einer zahlt dafür Eintritt, wenn ich spiele, dann kann er mich beschimpfen, wie er meint. Aber in dem Moment, in dem ich den Platz verlasse, bin ich eine Privatperson und niemand darf mich mehr beleidigen." Im Fußball herrschen bekanntermaßen mitunter raue Sitten, Schimpfwörter sind *part of the game*, das ist auch nicht zu überhören, wenn die beiden Legenden ins Erzählen kommen. Trotzdem gibt es Regeln, die genau einzuhalten sind.

„Natürlich haben auch wir gestritten, uns beflegelt, wenn wir uns als Rapid und Austria in Derbys gegenüberstanden. Trottel, deppert und anderes gehörte da schon zu unserem Vokabular. Aber nur am Platz. Im Spiel. Als Menschen haben wir nie so miteinander gesprochen. Außer im Scherz", erklärt die ÖFB-Ikone. Eine Fußballsprache, die beide von klein auf kennen. Auch miteinander. Als sie einander das erste Mal begegneten, waren Hans und Herbert kleine Buben. „Mit zwölf Jahren kam ich zu Rapid, davor spielte ich in der Schülerauswahl oder in der Knabenauswahl und die Geschichte, die jetzt kommt, muss natürlich auch in dieses Buch", grinst Hans Krankl übers ganze Gesicht und sieht dabei aus wie ein ewiger Lausbub. „Nein, nein. Das kann man streichen", pariert der um zwei Jahre jüngere Prohaska ebenfalls grinsend. „Oh ja", posaunt Krankl unter Gelächter, „er hat mir damals meine Tasche getragen. Weil er kleiner war." Also wirklich? Zu lesen war diese Geschichte schon oft, aber meistens stand auch dabei, dass sie nicht stimmte. „Na ja", erwidert Krankl, „das sagt er." Und verbirgt dabei nicht, wie sehr ihn diese Anekdote nach wie vor amüsiert. „Also, ich weiß das noch ganz genau", setzt Prohaska fort, „wir spielten im Burgenland, in Oggau." „Genau! Wir Wiener gegen die Burgenländer", pflichtet ihm Krankl bei, „zuerst spielten die Kleinen, vor dem Spiel bekamen wir im Wirtshaus ein Schnitzel. Und ER hat mir meine Tasche getragen", kann er es nicht lassen, seinen Freund Jahrzehnte später mit dieser Geschichte aufzuziehen. „Also ich hätte damals nicht einmal Frank Sinatra seine Tasche getragen", schmettert ihm Prohaska zurück. „Ok, wenn du das so sagst mit dem Sinatra. Aber ich bin der Dean Martin!", strahlt Krankl und biegt sich vor Lachen. Genauso wie sein Jugendfreund, der diese Erzählung mit einem gemurmelten „Legendenbildung. Hör auf jetzt" beendet.

Geschichten aus der gemeinsamen Vergangenheit, die die beiden Schmähtandler, wie man in Wien so schön sagt, wohl so verbunden und vertraut sein lässt, wie sie anfangs schilderten.

Cordoba

Und dann müssen wir natürlich auch noch über Cordoba reden. Über den 3:2-Sieg der österreichischen Nationalmannschaft gegen Deutschland bei der Fußball-WM in Argentinien 1978. Nüchtern betrachtet ein wertloser Sieg, der das Ausscheiden Österreichs aus der WM nicht mehr verhindern konnte und trotzdem österreichische Sportgeschichte wurde. Also eigentlich wesentlich mehr, wahrscheinlich ein wirklich identitätsstiftender Akt für Österreich, wie der Sieg der österreichischen Nationalelf über Deutschland immer wieder bezeichnet wird. Hans Krankl und Herbert Prohaska wurden durch dieses Spiel zu Volkshelden. Seit 1931 hatte das ÖFB-Team in zwölf WM-Versuchen nicht mehr gegen den großen Nachbarn gewonnen und die ersten Spielminuten deuteten damals keineswegs auf eine Trendumkehr hin. Bis Hans Krankl seine großen Auftritte hatte – erstes Tor für Österreich in der 66. Minute, das zweite dann in der 88. Minute. Edi Fingers „I werd narrrrrrrrisch" hallt in den Ohren der Nation immer noch nach, nicht nur an der Ecke Cordobaplatz/Edi-Finger-Straße in Wien Floridsdorf.

Für die Spieler wurde die Dimension dieses Jahrhundertspiels aber erst später deutlich. „Alle, die mich nach wie vor fragen, wie wir diesen Triumph in der Kabine gefeiert hätten, musste und muss ich enttäuschen. Da waren Fotografen und Journalisten. Wir standen nackert unter der Dusche und freuten uns über unseren Sieg. Aber wir verstanden erst viel später die Tragweite von dem Ganzen", erzählt Hans Krankl, der in seiner Karriere in 69 Länderspielen 34 Tore erzielte und damit bis heute den zweitbesten Wert im ÖFB-Team hinter Toni Polster mit 44 Toren hält.

„Und ich habe mich damals überhaupt nicht gefreut", ergänzt Herbert Prohaska nüchtern. „Ich hatte nach dem Spiel einen Streit mit Friedl Koncilia und war angefressen." „Stimmt", lacht Krankl „er hatte einen Wickel in der Kabine und war sauer." Was der Sieg über Deutschland in Argentinien zu Hause ausgelöst hatte, wurde den Spielern erst bewusst, als sie in Wien landeten. „Zehntausende Menschen waren da. Bei einer Weltmeisterschaft zwei Tore gegen Deutschland zu schießen, das war damals unglaublich. Das war nur wegen Deutschland, wegen der ewigen Stichelei gegen unseren großen Bruder, dass wir eigentlich die besseren Kicker sind", weiß der Torschütze von Cordoba heute. „So unter dem Motto: Endlich haben wir es ihnen gezeigt, den Deutschen, wurde bei unserer Rückkehr in Schwechat gefeiert", erinnert sich Prohaska, den die Menschenmasse, die die Nationalelf am Flughafen jubelnd begrüßte, beängstigte. „Wir hatten unsere Frauen dabei, meine Frau ist hingefallen in dem Getümmel und ich hatte wirklich Angst, dass die Leute über sie drüber trampeln."

Auf jeden Fall war Cordoba vor allem für Hans Krankls aber auch für Herbert Prohaskas Karriere ein Meilenstein. Krankl wurde danach vom FC Barcelona verpflichtet, Prohaska wechselte 1980 zu Inter Mailand, später zu AS Roma. Die beiden Österreicher waren damit zu internationalen Fußballstars aufgestiegen. „Wir waren Spieler von einer Qualität, die es heute nicht mehr gibt", meint Hans Krankl stolz, „wir waren über Jahrzehnte präsent und wir waren über Jahrzehnte gut. Er spielte bei der Austria, bei Roma, bei Inter – ich bei Rapid und Barcelona und das immer auf höchstem Niveau. Also wir waren in Österreich mit Sicherheit die zwei besten Spieler der Nachkriegszeit", ist sich der ehemalige Spieler, Trainer und Popsänger sicher.

Dass sie dabei immer auf ihre Weise zusammenhielten, sich über die Jahre auch in Spanien und Italien gegenseitig mit ihren Familien besuchten, ergibt eine Verbundenheit, die vom ersten Moment dieses Gesprächs zu spüren ist. Dass sie immer noch viele Fans haben, finden sie großartig. „Oft werde ich gefragt, ob mir das auf die Nerven geht, wenn die Menschen ein Autogramm oder ein Selfie mit mir wollen", sagt Prohaska, der seit vielen Jahren für den ORF als Fußballkommentator tätig ist. „Und ich antworte immer – nein, im Gegenteil! Ich freue mich. Und so ein Selfie geht ja sogar noch schneller als ein Autogramm", lacht Schneckerl, wie Prohaska auch liebevoll genannt wird.

„Eine richtige Freundschaft ist das Wichtigste, was es gibt!", kommt Hans Krankl auf das eigentliche Thema unseres Treffens zurück. „Und das zwischen uns, das ist eine Freundschaft, die ewig bestehen wird." „Und je älter wir werden, desto wichtiger werden auch Freundschaften", ergänzt Prohaska und erzählt von seiner Tennisrunde, zu der sich immer montags Sportler, Sänger, Politiker aller Couleurs und viele andere treffen, um Tennis zu spielen. „Ich gehöre in dieser Runde zu den Jüngsten. Einige sind weit über 80, aber sie sind immer noch dabei. Sie ziehen sich ordentlich an. Spielen mit oder nicht. Auf jeden Fall sitzen wir danach immer noch beisammen. Da wird gegessen und erzählt. Manchem ist die Frau gestorben und er ist jetzt allein, aber er hat diese Freundesrunde und die gibt ihm Halt", wird Prohaska am Ende unseres Gesprächs noch einmal ernst. Viele Geschichten, die in dieser Runde erzählt würden, hätte er schon zigfach gehört, aber das mache ihm nichts aus.

„Was haben auch wir schon hundert Mal über dieselben Geschichten geredet und gelacht", ergänzt Krankl. „Stimmt, der Unterschied ist nur, dass ich wahre Geschichten erzähle und du zum hundertsten Mal Geschichten, wie die mit der Tasche, die ich dir angeblich nachgetragen habe, die falsch sind", lacht Prohaska. „‚Burli', hab ich gesagt, ‚Burli nimm meine Tasche.'", genießt Krankl seine Pointe, die beide von dieser Geschichte zur nächsten führt und zur nächsten, aber das würde uns hier zu detailliert in Sporterzählungen führen .... Auf jeden Fall sind die beiden Sportlegenden am Ende unseres Gesprächs bestens gelaunt und teilweise auch merklich gerührt über so viel Verbundenheit, die ihrer Meinung nach in der heutigen Sportwelt nicht mehr möglich ist.

Gemeinsame Internatszeit schweißte sie zusammen

Birgit Denk & Alexandra Barcelli

THELMA UND LOUISE

Am Anfang war der Schmäh. Das gemeinsame Blödeln in einer Situation, in der sich beide in ein neues Leben einfinden mussten, in dem sich vor allem Birgit anfangs überhaupt nicht wohlfühlte. „Es waren die ersten Tage am Bundesinstitut für Sozialpädagogik in Baden, wo ich die nächsten fünf Jahre bis zur Matura im Internat verbringen sollte. Das erste Mal weg von der Mama, erstmals konfrontiert mit Gleichaltrigen, die einen völlig anderen Dialekt sprachen als ich, die völlig anders tickten als ich. Ich hatte unglaubliches Heimweh und war völlig überfordert", erinnert sich Birgit Denk an ihre ersten Tage in der Schule, die sie unbedingt besuchen wollte und für die sie eine Aufnahmeprüfung bestehen hatte müssen.

Die Umstellung, als 14-Jährige plötzlich im Internat zu leben und noch dazu in einem Vierbettzimmer untergebracht zu sein, war ihr damals aber doch zu viel. „Von Tag eins an war ich auf der Suche, ob jemand mit mir Bett tauscht, denn mit meinen Zimmerkolleginnen kam ich überhaupt nicht zurecht. Ich suchte und suchte, fündig wurde ich dann aber nicht in eurem, sondern im Nebenzimmer", sagt sie zu der ihr gegenübersitzenden Alexandra, die sich an die damalige Überforderung genauso gut erinnern kann und die anders als Birgit auch am Wochenende im Internat bleiben musste, weil ihr Zuhause in der Steiermark zu weit entfernt lag, als dass es sich für sie lohnte, nach Schulschluss samstagnachmittags für knapp einen Tag heimzufahren.

Alexandra und Birgit waren einander schon bei der Aufnahmsprüfung begegnet, ohne sich aber näher kennenzulernen. Dass sie einen ähnlichen Humor hatten, dürften die beiden Mädchen aber gleich gespürt haben, sonst hätte Birgit auf ihrer Zimmersuche wohl nicht zu, sagen wir, ungewöhnlichen Mitteln gegriffen. „Weil es gerade so fad war in meinem Zimmer, hab ich aus einem Metalldraht einen Ring gebastelt und damit bin ich dann so minnesängerinnenmäßig zu ihr ins Zimmer und hab ihr einen Heiratsantrag gemacht", lacht Birgit. „Genau, so war das. ‚Willst du mich?' hat sie gesungen. Und meine Antwort war: ‚Jaaaaaa'", fügt Alexandra hinzu und die beiden inzwischen über 50-jährigen Freundinnen kommen aus dem Kichern gar nicht mehr heraus. „Wir waren die Monty Pythons unserer Schule. Wir fanden Dinge witzig, die viele unserer Schulkolleginnen überhaupt nicht lustig fanden. Unsere Freundschaft begann mit einem absurden Schmäh", meint Birgit Denk, inzwischen eine der bekanntesten Liedermacherinnen Österreichs, der neben vielen anderen Attributen auch immer der Schmäh zugeschrieben wird.

Mit ihrer Schulfreundin Alexandra verband sie von Anfang an der gemeinsame Humor, beste Freundinnen wurden die beiden aber erst nach der Schulzeit. „Wir waren von Beginn an gute Freundinnen, aber nie *best buddies*. In der Schule waren wir dann eigentlich mit allen gut Freund, sonst hätte es dort kein Überleben gegeben, noch dazu in einer sozialen Schule", erinnert sie sich. In den Schulferien sahen sich die beiden nie, während des Schuljahres aber kam Alexandra so wie viele andere Schulkolleginnen auch am Wochenende oft mit zu Birgit ins niederösterreichische Rannersdorf. „Bei dir war es immer so cool", schwärmt Alexandra, „zum Frühstück gab es Manner Schnitten", lacht sie. „Meine Mama war überhaupt nicht streng, das war bei uns 15-, 16-Jährigen natürlich sehr beliebt. Auch dass sie uns zum Frühstück quasi Kekse servierte.

Wir hatten an diesen Wochenenden so ein anderes Leben als im Internat, das war herrlich", erinnert sich auch Birgit noch immer gerne an diese Zeit zurück, in der ihr immer klarer wurde, dass Musik in ihrem Leben unbedingt eine wichtige Rolle spielen musste.

Wesentlich für diese Erkenntnis war ihr Gitarrenlehrer: der Autor, Sänger und Komponist Roland Neuwirth, der mit seinen Extremschrammeln das Wienerlied sozusagen in die Gegenwart holte. 1984, kurz bevor Birgit Denk seine Schülerin wurde, erhielten Neuwirth und sein Ensemble einen Preis der Stadt Wien für die Erneuerung des Wienerliedes.

Am Badener Bundesinstitut für Sozialpädagogik, wo Birgit und Alexandra in ihren fünf gemeinsamen Schuljahren als Sozialpädagoginnen ausgebildet wurden, um nach der Matura in Einrichtungen für Menschen mit Behinderung, in der Freizeitpädagogik, Kinder- und Jugendhilfe und Ähnlichem arbeiten zu können, standen im Pflichtfach Gitarre bei Roland Neuwirth selten Kinderlieder am Unterrichtsprogramm. „Vor allem haben wir Heurigenlieder gelernt", lacht Birgit Denk, „und der Neuwirth sagte damals auch relativ bald zu mir, dass aus mir keine Gitarristin werde. Aber er forderte mich auf, mit ihm zu singen, damit er mich gut benoten konnte. Und ich musste ihm versprechen, dass ich auch nach meiner Schulausbildung weitersingen würde. Ich könne doch nicht nur dieses Sozialpädagogik-Ding machen, sagte er zu mir, dafür würde ich viel zu gut singen", erinnert sich die Sängerin, die damals nicht ahnen konnte, welchen Grundstein Roland Neuwirth damit für ihr Leben legte.

Ihre Freundin Alexandra entschied sich in der Schule für Akkordeon. „Ich war so schlecht, am Ende hatte ich eine Entscheidungsprüfung in Akkordeon", erzählt sie. „Oh ja, mit ihrem Akkordeonspiel hat sie uns alle genervt", lacht Birgit, die nach ihrer Schulausbildung viele Jahre als Sonder- und Heilpädagogin arbeitete, bevor sie sich mit 35 Jahren vollends auf ihre Musik konzentrierte und den Schritt wagte, als Sängerin ihren Lebensunterhalt zu verdienen. Alexandra hingegen arbeitet seit 33 Jahren als Hortpädagogin und das immer noch „sehr, sehr gerne".

Punktesystem für Dates

Von ihrer „Grundeinstellung dem Leben gegenüber“ waren die beiden Frauen, die eine inzwischen fast lebenslange und sehr enge Freundschaft verbindet, schon in ihrer Jugend sehr unterschiedlich. „Ich wusste immer, dass ich Kinder will. Daher war mir auch immer klar, dass mein Beruf dazu passen muss“, meint die Hortpädagogin und zweifache Mutter zu ihrer Jugendfreundin, die diesbezüglich völlig anders tickt. „Ich wollte immer unabhängig bleiben, ich wusste schon früh, dass Kinder nicht unbedingt zu meinem Leben dazugehören mussten. Ich habe mit mir selbst genug zu tun“, so die Künstlerin, die seit vielen Jahren mit ihrem Lebensgefährten Alex Horstmann, der auch ihr Bandleader ist, glücklich zusammenlebt, inklusive Patchwork-Tochter.

Als sie während und vor allem nach ihrer Schulzeit gemeinsam ausgingen, entwickelten die beiden ein Punktesystem, um sich „auf Freiersfüßen“ nicht in die Quere zu kommen, erzählen sie lachend. „Wir haben schon eine gewisse äußerliche Ähnlichkeit, das kann man nicht abstreiten. Und auch einen ähnlichen Männergeschmack“, meint Birgit und das sei „gefährlich bei Freundinnen.“ „Um dieser Gefahr ein Schnippchen zu schlagen, entwickelten wir ein Punktesystem“, lacht sie mit ihrer Freundin und nimmt diese an den Händen. „Die Punkte wurden danach vergeben, wie ein Objekt unserer Begierde auf uns reagierte. Zuerst ging es um den Blickkontakt. Gelang das der Xandi, bekam sie den ersten Punkt. Machte eine von uns einen Witz und der Mann lachte, gab es fünf Punkte“, zerkugeln sie sich über ihre damaligen Aktionen. „Nachdem uns das eingefallen war, musste unser System natürlich überprüft werden. Das war das Pech von diesem armen Laszlo, weißt du noch?“, fragt Birgit ihre Xandi, die sich vor Lachen kaum mehr halten kann. „Ja, der arme Kerl. Er war sozusagen der Statist an diesem Abend.“ Alexandra, also Xandi, erreichte damals mehr Punkte, womit Birgits Rückzug klar war. „Sie hatte ein Glück! Der war ja so gar nicht meins. Schimpfte gleich, weil ich rauchte und so. Also das war nix", muss sie rückblickend immer noch sehr über ihre damaligen Freundinnen-Streiche lachen.

Eine andere lustige Geschichte ist die Faszination für Schweden. „Ja, unsere Schwedenliebe", lachen sie weiter, „Die verbindet uns sehr. Nur dass wir noch nie gemeinsam in Schweden waren", erzählen die beiden „Monty Pythons". Von klein auf sei sie von Schweden fasziniert gewesen, erinnert sich Alexandra Barcelli daran, wie gern sie als Kind Astrid-Lindgren-Geschichten las und fügt an, dass ihre Tochter wohl auch wegen Pippi Langstrumpf Anika hieße.

Birgit Denks Schwedenliebe wiederum hat mit Bruno Kreisky zu tun. „Kreisky war sozusagen der Held meiner Kindheit. Ich komme aus einer linken Familie, wo oft darüber geredet wurde, was Kreisky alles in Schweden gelernt hätte, und dafür waren alle immer voller Bewunderung. Die Einführung der Gratisschulbücher beispielsweise. Für mich war Schweden das Land, in dem immer alles besser lief als bei uns", erzählt sie. Der Zufall wollte es, dass sich Birgit Denk später in einen Schweden verliebte und das Land wirklich gut kennenlernte. Was blieb, ist die „Schwedenliebe", wie sie und ihre Freundin es nennen. Auch ein Album produzierte Birgit Denk in Schweden. „Obwohl wir noch nie gemeinsam dort waren, reden wir sehr viel über dieses Land", ergänzt Alexandra.

„Komischerweise waren wir überhaupt nicht so oft miteinander auf Urlaub. Außer unsere traditionellen Salzburg-Urlaube. Und Kroatien, auch mit meinen Kindern, als diese noch kleiner waren." Oft aber verbringen Birgit und Alexandra gemeinsam Zeit in der Steiermark, wo im großen Haus von Xandis Eltern für Birgit „immer Platz war und wo ich mich immer willkommen gefühlt habe".

In ihre Freundschaft schlossen beide von Anfang an ihre Familien, Partner und auch Freunde ein. „Und natürlich war Birgit meine Trauzeugin", erzählt Alexandra, schaut ihre Freundin an und schon wieder können sich beide kaum halten vor lauter Lachen. „Du hast in meinem Rotz unterschrieben", zerkugelt sich Alexandra. „Ja, die liebe Xandi ist sehr nahe am Wasser gebaut", setzt Birgit fort. „Stimmt", pflichtet ihr diese bei, „ich weine, wenn ich mich freue. Ich weine, wenn ich gerührt bin. Ich weine, wenn ich traurig bin. Und ja, ich habe auch bei meiner eigenen Hochzeit geweint." „Und dann kam ich als Trauzeugin zum Unterschreiben dran und genau auf der Zeile, wo meine Unterschrift eure Ehe bezeugen sollte, war alles nass. Also da dachte ich mir kurz, was tue ich jetzt?", lacht sich die Sängerin und Moderatorin mehr als ein Jahrzehnt danach immer noch kaputt. „Genau so war das", prustet ihre Freundin.

„Bitte da neben der Träne der Braut unterschreiben" war die Anweisung der Standesbeamtin. „Ja, und dann habe ich eben rundherum unterschrieben", schließt Birgit Denk die Geschichte von ihrer Freundin als vor Rührung weinender Braut ab. Immer wieder würden sie über diese Szene gemeinsam lachen, erzählen die beiden Freundinnen, die über die Jahre nicht nur Hochzeiten, sondern leider auch Begräbnisse enger Freunde gemeinsam durchstanden und die sich gerne auch einmal fest umarmen oder sich zusammenkuscheln und ihre langjährige Vertrautheit genießen.

„Immer wenn mir etwas Schlechtes passiert, dann will ich als Erste die Xandi anrufen. Wenn es etwas gibt, was ich bei anderen Menschen, die mich nicht so gut kennen, vielleicht eher zurückhalte oder auf einen passenden Moment warte", meint Birgit Denk und ihre Freundin nickt ihr zustimmend zu. „Ich kenne kaum andere Menschen, die eine derart enge und vertraute Freundschaft über so viele Jahrzehnte hinweg haben. Wenn wir zusammenkommen, können wir gemeinsam in der Vergangenheit leben, wir können aber genauso für die Zukunft planen. Und wir sind auch hormonell denselben Weg gegangen", fügt sie schmunzelnd hinzu. „Von der Pubertät in den Wechsel." Ein Thema, über das sich die beiden in letzter Zeit öfter austauschen und selbstverständlich darüber lachen können, wenn der einen gerade wieder recht heiß ist und sie das Fenster aufreißt. „Das klingt jetzt wirklich pathetisch, aber wir beide haben eine Verbundenheit und eine Vertrautheit, wie man es eigentlich nur mit seiner Mama kennt. Also wenn man mit seiner Mama die Pubertät gut übersteht", lacht Birgit, „Alexandra kennt mich durch und durch. Ihr brauche ich nichts vorzumachen, sie kriegt soundso mit, was gerade mit mir los ist. Vielleicht gibt es zwischen so engen Freundinnen wie uns sogar ein besseres Verständnis als mit dem eigenen Partner", überlegt sie, „natürlich ganz anders als in einer Partnerschaft, die einen eigenen, ganz besonderen Stellenwert im Leben hat. Was ich damit aber sagen will, ist, dass eine Freundschaft wie unsere etwas ganz besonders Wertvolles ist." An diesem tiefen gegenseitigen Vertrauen änderten auch Lebensphasen nichts, in denen die beiden monatelang nichts voneinander hörten, was aber äußert selten passiert sei. Und wenn, dann nur, weil eine der beiden gerade intensiv mit etwas beschäftigt war, und nie, weil es irgendwelche äußeren Umstände erforderten.

Corona stellte Freundschaft auf die Probe

Bis Corona. „Durch die Lockdowns entstand zum allerersten Mal in unserem Leben eine Situation, in der wir vor jeweils komplett andere Aufgaben gestellt wurden. Du mit der unglaublich herausfordernden Situation im Hort, mit einer Arbeit voller Stress und zusätzlichen Herausforderungen für deine Kinder und euer Familienleben. Und bei mir war alles gestoppt. Von Hundert auf null", erzählt Birgit Denk, die im ersten Coronajahr eigentlich ihr 20-jähriges Bandjubiläum feiern wollte und die nach schwierigen Anfangsjahren als Dialektsängerin, als in Österreich Englisch als einzig akzeptable Sprache der Rock- und Popmusik galt, inzwischen eine der erfolgreichsten Künstlerinnen des Landes war und sich ausgerechnet im Krisenjahr 2020 über ihre erste

„Romy“-Nominierung freuen konnte. „Durch Corona wurde bei mir alles gestoppt. Ich saß zu Hause und hatte plötzlich wieder Existenzängste. War plötzlich mit der Frage konfrontiert, ob mein Job überhaupt je wieder gefragt sein wird. Mein 50. Geburtstag näherte sich, aber wie sollte mein Leben weitergehen? Auf einmal war ich so unglaublich beschäftigt mit existenziellen Fragen und konnte in der Situation damals überhaupt nichts verändern. Und in dieser Phase war es schwierig für mich, für Xandis Sorgen, die so anders gelagert waren als meine, offen zu sein“, analysiert sie.

„Ich hingegen war so überfordert, dass ich am liebsten gekündigt hätte“, ergänzt Alexandra. „Vor allem in der ersten Zeit, als man ja wirklich Angst vor dieser neuen Krankheit hatte. Ich musste immer vielen Kindern und vielen Menschen begegnen und alle waren mindestens so verunsichert wie ich selbst. In dieser Zeit spürten die beiden Freundinnen, wie auch sie sich erstmals miteinander schwertaten. „Ja, das war schwierig. Wir saßen beide in unseren Situationen fest. Erstmals mussten wir uns überlegen, wie wir miteinander umgehen, mit welchen Sorgen wir uns aneinander wenden“, erzählt die Liedermacherin von dieser Ausnahmesituation. „Uns fehlte ein wenig das Verständnis füreinander“, meint Alexandra, „natürlich habe ich Birgit immer ernst genommen, habe mir immer überlegt, wie es ihr wirklich geht. Aber natürlich sind mir in meiner Überforderung auch Gedanken gekommen wie: Sie muss wenigstens nicht hinausgehen, muss keine Angst haben krank zu werden.“

„Ich hingegen hatte anfangs wirklich keine Kapazitäten mehr, mir zu überlegen, wie es dir geht“, erwidert Birgit. Also zogen sich die beiden Freundinnen zurück, telefonierten wesentlich weniger als normalerweise, konzentrierten sich auf ihre jeweiligen Situationen, um darin nicht unterzugehen. „Als wir während des ersten Lockdowns miteinander telefonierten, merkten wir beide, wie schwer wir uns gegenseitig unsere jeweiligen Probleme vorstellen konnten, weil unsere Leben auf einmal so anders verliefen. Aber jede von uns versuchte, ihren Standpunkt zu erklären, und nach und nach konnten wir wieder verstehen, was die andere meinte." „Dabei hat uns unsere innige und so vertraute Freundschaft sehr geholfen", fügt Alexandra hinzu. „Tief in uns drinnen wussten wir, dass wir auch das gemeinsam überstehen." Und so wie unzählige andere auch begaben sie sich dann auf gemeinsame Lockdown-Spaziergänge, konnten wieder füreinander stark sein.

Auf jeden Fall stellte Corona in gewisser Weise auch ihre Freundschaft auf die Probe. Wobei sie in puncto Coronamaßnahmen oder Impfen ziemlich einer Meinung waren, diese Lebenszäsur machte trotzdem auch bei ihnen ganz neue Dimensionen auf. „Ich war von Anfang an sofort fürs Impfen. So nach dem Motto zack, zack, zack geht impfen. Was ist los mit euch Deppen?", schildert Birgit Denk, die durch die Impfung eine Rückkehr in ihr bisheriges Leben herbeisehnte. „Auch wir haben uns sofort impfen lassen", erzählt Alexandra. „Nur leider hat jemand aus meiner Familie die Impfung ganz schlecht vertragen und kämpft nach wie vor mit Problemen. Und so war ich total in dieses Impfthema involviert, obwohl ich diese Impfung wollte und natürlich auch wollte, dass sie die Befreiung aus Lockdowns und Co. ist. Aber leider war das dann alles nicht so einfach bei uns. Und wenn dann Menschen so begeistert für die Impfung auftraten, ärgerte mich das schon sehr."

Also wohl auch dann, wenn Birgit Denk eine jener prominenten Persönlichkeiten war, die sich für die Corona-Impfung aussprach. Aber da hatten sich die beiden Freundinnen längst wieder gefunden und konnten auch wieder nachvollziehen, wie es der anderen ging. Und die Coronazeit führte auch zu Positivem – zu einem Lied über ihre Freundschaft, das Birgit ihrer Xandi widmete. „Als Corona kam, begann ich gerade an meinem neuen Album zu schreiben. Aber es fehlten mir die Themen. Zwei Jahre lang passierte de facto nichts, also beschloss ich, in meiner Vergangenheit zu kramen und da wurde sehr schnell klar, dass ein Lied von meiner Freundschaft mit Xandi handeln muss", schildert die Liedermacherin. „Allerdings gibt es keine Beispiele, keine Vorbilder für ein Lied über Freundschaft." Anders als Lovesongs sind Freundschaftslieder tatsächlich keine Kategorie als Musikgenre, schade eigentlich!

Relativ schnell, wie sie erzählt, kam Birgit Denk aber die Idee mit „Thelma und Louise". „Wir hatten immer unseren Schmäh, seit der Schule. Und kurz nach unserer gemeinsamen Schulzeit kam der Film ‚Thelma und Louise' heraus. Zwei Mal haben wir ihn miteinander angeschaut und sofort beschlossen: Das sind doch eigentlich wir", lacht sie. „Natürlich würde ich am Steuer sitzen, das ist doch Thelma, die den Wagen lenkt und die die Ruppigere der beiden ist, oder?", grinst Birgit ihre Freundin an, die sich auch nicht mehr ganz sicher über die Rollenverteilung in diesem Kult-Roadmovie von Ridley Scott aus dem Jahr 1991 ist. Thelma, gespielt von Geena Davis, und Susan Sarandon als Louise flüchten mit einem gemeinsamen Wochenendtrip aus ihren jeweiligen Leben, geraten dabei in unvorhersehbare Turbulenzen und enden als gejagte Kriminelle. Am Ende des Filmes rasen sie mit ihrem Cabrio über eine Klippe – und schreiben mit dieser Szene Filmgeschichte. (Am Steuer saß übrigens Louise, Anm.)

„Das Bild dieser beiden Frauen, die völlig andere Probleme bewältigen mussten, darin sah ich plötzlich uns in der Coronazeit. Jede mit ihren Geschichten, jede mit ihrem eigenen Vogel. Du mit den Kindern, ich alleine daheim." Und schon war der Song geschrieben, veröffentlicht auf Denks elftem Album „Erdbeeren und Musik" im November 2021. „Mit 14 haum ma uns gheirat, ois gaude ois Beweis, dass ma uns megn" beginnt es. Ob Alexandra zu Tränen gerührt war, als sie davon erfuhr? „Na klar", lacht sie, „und wie." Das Bild der beiden Frauen, die nicht mehr aus einer

Situation finden und gemeinsam beschließen abzuhauen, das passe schon gut zu ihrer Freundschaft. „Nur nicht mit demselben Ende. Im Film bringen sie sich am Schluss um", ergänzt die temperamentvolle Hort-Pädagogin, der die zunehmende Bekanntheit und der Ruhm ihrer Freundin immer „völlig wurscht" war.

Später wären wir uns nie mehr begegnet

„Jede von uns hat ihre Welt, mit Höhen und Tiefen. So ist das Leben halt. Und ich finde es wunderbar, dass wir das so haben!" Meistens erkenne sie die Promis nicht einmal, mit denen ihre Freundin Birgit spricht oder die sie ihr vorstellt, was diese als absolut erfrischend empfindet. „Ich hör mir ihre Geschichten über irgendein Hortkind mit demselben Enthusiasmus an, wie wenn ich ihr beispielsweise von einem Treffen mit Lukas Resetarits erzähle. Das hat alles denselben Stellenwert und das empfinde ich als sehr schön", freut sich die Sängerin darüber, dass ihre Karriere, die sie auch zu einer öffentlichen Person werden ließ, die Freundschaft mit Xandi in keiner Weise veränderte.

Als Musikerin und Moderatorin lernte Birgit Denk über die Jahre viele Menschen kennen. In einer Branche, die wenig Formalitäten kennt und wo jemand schneller als „Freund" oder „Freundin" bezeichnet wird als beispielsweise in Anwaltskanzleien oder im Bankenwesen, um Stereotypen zu bemühen. „Da muss ich mich selbst bei der Nase nehmen, ich gehöre sicher zu denen, die recht schnell das Wort ‚befreundet' in den Mund nimmt", meint Birgit Denk über sich selbst. „Wenn ich jemandem begegne, zu dem ich einen guten Draht verspüre, mache ich meine Türe recht schnell auf. Eine Bekannte oder ein Arbeitskollege sind Wörter, die ich wenig verwende, eher ein Freund, eine Freundin. Du bist da nicht so schnell, oder?", spielt sie den Ball an Alexandra weiter. „Nein, gar nicht. Für mich gibt es ArbeitskollegInnen, liebe Bekannte, in diesem Fall stelle ich dann jemanden per Vorname vor. Aber Freundin? Nein, das geht bei mir nicht so schnell. Eine Freundin ist schon etwas ganz Besonderes. Wie ein Ehemann, davon gibt es ja auch nicht so viele", scherzt sie und spielt auf den früher erwähnten Vergleich zwischen einer besonders innigen Freundschaft und einer Ehe an. Eine Freundschaft von Jugend an sei auf jeden Fall etwas ganz besonders Wertvolles, sind sich beide einig und meinen auch, dass diese vielen Jahre an Verbundenheit nicht in einer kürzeren Freundschaft aufzuholen seien.

Hätten sie sich ihrer Meinung nach auch so gut befreundet, wären sie einander erst viel später im Leben begegnet? „Wir hätten uns nie getroffen. Unsere Leben kreuzten sich nur in der Schule", ist sich Birgit Denk absolut sicher. „Ich habe kein Kind, das zu dir in den Hort gegangen wäre." „Und ich bin nicht Vegetarierin", lacht Alexandra. „Du gehst ja kaum mehr fort. Du gehst auf keine Konzerte", lacht Birgit zurück. „Also das glaube ich wirklich, wir hätten uns nimmer getroffen", beantworten sie im gewohnten Pingpong von Antworten und Schmähs, die sie über Jahre miteinander entwickelt haben.

„Und außerdem", wird Birgit Denk am Ende dieses langen und lustigen Gesprächs über die Freundschaft zwischen den beiden Frauen, die so viel verbindet, obwohl sie derart unterschiedliche Lebenswege einschlugen, noch einmal ernst. „Und außerdem wäre ich ohne die Xandi ein anderer Mensch. Sie war und ist für meine Persönlichkeit wirklich prägend."

Welch schöne Freundinnen-Liebeserklärung, auch viel Tröstlicher als das ikonische Bild von Thelma und Louise über dem Abgrund des Grand Canyon ...

Gabi Hiller & Philipp Hansa

ZU HUNDERT PROZENT BEFREUNDET

Wenn man es sich zur Aufgabe gemacht hat, montags bis freitags ab fünf Uhr früh rund zwei Millionen Menschen in Österreich aufzuwecken, dann braucht man dazu nicht nur eine gute Kondition und höchste Professionalität, sondern auch eine extra Portion gute Laune und Spaß, der sich via Radio auf die Zuhörerschaft überträgt und so das ganze Land selbst an grauen Tagen mit dem Ö3-Wecker gut in den Tag schickt. Seit einigen Monaten mit dieser Aufgabe bei Österreichs erfolgreichster Radiosendung betraut: Gabi Hiller und Philipp Hansa. Mit den beiden Ö3-Stars geht die im Jahr 1968 von Rudi Klausnitzer gegründete Sendung sozusagen Next Generation und sie reihen sich in die Riege legendärer Wecker-ModeratorInnen von Dieter Dorner über Nora Frey bis Harry Raithofer und Robert Kratky ein, der seit 2003 die morgendliche Radioshow moderiert und entgegen von ihm selbst unlängst gestreuten Gerüchten noch länger als „Aufwecker der Nation" im Einsatz sein wird. Alternierend mit Philipp Hansa und oft auch gemeinsam mit Gabi Hiller.

„Dass wir beide irrsinnig viel Spaß miteinander haben werden, wusste ich gleich am ersten, oder sagen wir, zweiten Tag, als Philipp mir als Praktikant an die Seite gestellt wurde", erinnert sich Gabi, die 2007 bei Ö3 zu arbeiten begann. „2011 war ich schon eine erfahrene Reporterin, also sollte ich einen Praktikanten einschulen. Und so hatte ich plötzlich Philipp an der Backe", lacht sie, „aber wir hatten sofort eine gemeinsame Wellenlänge. Auch wenn das jetzt ein bisschen abgedroschen klingt, es war wirklich so. Es war einfach sehr, sehr lustig. Und wir bekamen auch gleich ein gemeinsames Projekt." „Stimmt! Gabi war die Reporterin. Sie musste mitten auf der Mariahilfer Straße ihre Geldtasche fallen lassen, so, als hätte sie diese verloren und dann ging es darum, ob sie jemand aufhebt und sie ihr bringt oder ob die Menschen einfach weitergehen. Und daraus machte sie dann eine Story. Ich war ihr Assistent, musste aufpassen, dass nicht jemand wirklich mit der Geldbörse wegläuft. Oder ich war dafür zuständig, ihr einen Kaffee zu organisieren", scherzt Philipp in Richtung seiner Freundin, die natürlich weiß, dass das mit dem Kaffee nicht ernst gemeint war, wie viele weitere Kommentare, mit denen sich die beiden im Laufe dieses Gesprächs über ihre enge Freundschaft liebevoll auf die Schaufel nehmen. „Das Blatt hat sich dann natürlich gewendet", setzt Philipp in ironischem Ton fort, „und ich habe die Gabriele dann in den folgenden Jahren unter meine Fittiche genommen."

Tatsächlich bemerkten auch ihre KollegInnen und Vorgesetzen bald, dass die beiden besonders gut zusammenarbeiteten und dabei auch höchst kreativ und produktiv waren. Also spannte man sie immer öfter zusammen. „Wir arbeiteten sehr bald gemeinsam an vielen Projekten und das war natürlich nie ein Nine-to-five-Job. Wir waren immer Ewigkeiten in der Arbeit, es hat uns wirklich Spaß gemacht. Und wir wollten etwas Eigenes kreieren. Eines Tages kam so auch der Gedanke auf: Wir hätten gerne unsere eigene Sendung", erzählt Gabi Hiller, die nach ihrem Betriebswirtschaftsstudium an der Uni Wien ein Masterstudium in Qualitätsjournalismus an der Donau-Uni Krems abschloss, bevor sie beim Radio zu arbeiten begann.

Auch Philipp Hansa hatte nach der Matura in Graz ein BWL-Studium begonnen, sich aber bald ganz seiner Arbeit bei Ö3 gewidmet, die er schließlich einem Studienabschluss vorzog. Der Traum von einer eigenen Radiosendung war wichtiger. „‚Late Night mit Hiller und Hansa' nannten wir unsere Sendung. Wir produzierten eine circa 20-minütige Demosendung, bei der Gabis

Auf derselben Wellenlänge

Oma die Sprecherin war", schmunzelt Philipp. „Das war unser erster Vorschlag und er wurde natürlich sofort abgeschmettert. ‚Nein, so wollen wir das nicht', hieß es", weiß er noch ganz genau.

„Aber wir haben bei Ö3 relativ flache Hierarchien und wir waren natürlich auch lästig", setzt Gabi fort. „Also klopften wir mit unserem Demoband beim damaligen Ö3-Chef an. Er hörte sich an, was wir aufgenommen hatten, und lud uns tatsächlich zu einem Termin. Und dann sagte er: ‚Ich weiß nicht genau, was es ist, aber ihr passt gut zusammen. Ihr moderiert unsere neue Ö3-Community Show.'" Der Traum von der gemeinsamen Radioshow wurde also sehr schnell wahr: Mit „Frag das ganze Land" kümmerten sich die beiden ab April 2014 um Dilemmas aller Art, die eine Person im Radio schildert und die von den HörerInnen der Sendung gemeinsam gelöst werden sollen. Eine nach wie vor höchst erfolgreiche Ö3-Sendung, die inzwischen Tina Ritschl und Philipp Bergsmann übernommen haben.

Gabi und Philipp wurden durch ihre Sendung ein fixes berufliches Gespann und lernten einander so auch persönlich immer besser kennen. „Bevor wir ‚Frag das ganze Land' moderierten, waren wir gemeinsam für die Oscar-Berichterstattung in Los Angeles gewesen. Auch am Wiener Opernball waren wir gemeinsam als Reporter im Einsatz. Da lernst du dich auch in den eigenartigsten Situationen wirklich gut kennen. Ob im Stress, mit Hunger, müde, heulend oder gut drauf, das hat uns schon sehr zusammengeschweißt", meint Gabi. „Diese enge Zusammenarbeit hat unsere Freundschaft tatsächlich befeuert", ergänzt Philipp, „gesellschaftlich gesehen ist es ja immer noch eher unüblich, dass eine Frau und ein Mann so gut miteinander befreundet sind und so gut harmonieren. Aus welchen Gründen auch immer. Aber wir beide haben von Anfang an auch in unseren Sendungen unsere Freundschaft gezeigt, die völlig unabhängig davon ist, dass wir unterschiedliche Geschlechter haben." Was nicht alle so entspannt sahen wie die beiden selbst, die bald mit Gerüchten, sie seien mehr als platonisch miteinander befreundet, konfrontiert wurden und es manchmal immer noch werden, was sie beide einerseits „irgendwie verstehen können", sie gleichzeitig aber auch nervt. „Ich verstehe die Neugier, aber das ist schon auch ein billiger Trick.

Wenn zwei Frauen oder zwei Männer miteinander befreundet sind, dann unterstellt man ihnen ja auch nicht gleich Homosexualität", meint Philipp Hansa, „meine Gegenfrage wäre: Muss es wirklich so sein, dass Menschen, die eng miteinander arbeiten und befreundet sind, auch sexuell etwas miteinander haben?" „Meiner Meinung nach kommt diese Sichtweise auch daher, dass Menschen Dinge, die sie selbst nicht erfahren haben, auch nicht verstehen können. Wenn jetzt beispielsweise eine Frau nie einen besten Freund hatte, mit dem nichts lief, dann kann sie eine Freundschaft wie meine mit Philipp vielleicht einfach nicht nachvollziehen. Wobei ich auch dazu sagen muss, dass eine so enge Freundschaft zwischen Frau und Mann, wie wir sie haben, sicher etwas Besonderes ist", meint Gabi, die mit zwei Brüdern und einer Schwester aufgewachsen ist und schon als Jugendliche immer auch männliche Freunde hatte.

Außerdem würden Frau-Mann-Freundschaften in ihrer Generation als normaler angesehen als das früher der Fall gewesen sei, meinen beide Ö3-Stars. „Ich möchte da gerne noch etwas hinzufügen, das mir gerade eingefallen ist", ergänzt Philipp, „egal ob beruflich oder privat, ich konnte mit Frauen eigentlich immer besser als mit Männern. Wenn ich zum Beispiel einen Arzttermin benötige, dann hoffe ich immer, dass diese Person eine Frau ist. Weil ich weiß, dass ich mich einer Frau gegenüber besser öffnen kann. Insofern war es für mich von Anfang an klar, dass ich Gabi gegenüber keinerlei Scheu habe, mit ihr über alles zu reden."

Kein Vorglühen, gleich Party

Dass sie also eines Tages, als Philipp noch Gabis Praktikant war, beschlossen, gemeinsam frühstücken zu gehen, habe sich ergeben, ohne dass einer von ihnen auf die Idee gekommen wäre, der andere hätte dabei irgendeinen Hintergedanken. „Wir waren damals beide auf Tinder, hatten unsere Gspusis und tauschten uns darüber auch aus. Machten uns über uns lustig und erzählten uns von unseren jeweiligen Abenteuern. Philipp war immer da und ich war auch immer da, wir waren uns gegenseitig wirkliche Konstanten im Leben“, erinnert sich Gabi an den Beginn ihrer Freundschaft. „Ich habe für mich sehr schnell gemerkt: Die will ich länger in meinem Leben“, weiß Philip, der so wie seine Freundin und Kollegin inzwischen in einer festen Partnerschaft lebt.

„Bei Gabi merkte ich, dass ich mich bei ihr öffnen kann, ohne dass ich verklemmt bin, mir das unangenehm ist. Der Aufwärmprozess für unsere Freundschaft war sehr kurz. Und meine Theorie bezüglich Freundschaften ist: Je kürzer dieser Aufwärmprozess, desto enger kann eine Freundschaft werden.“ „Wir wussten sehr schnell, dass wir uns egal zu welcher Tages- oder Nachtzeit anrufen können. Wir waren immer füreinander verfügbar. Kein Vorglühen, gleich Party“, lacht Gabi.

Wobei Party, Freizeit oder Arbeit in ihrem Leben und Beruf keine klaren Trennlinien kennen, was auch eines ihrer erfolgreichsten gemeinsamen Projekte, der Podcast „Hawi D´Ehre“ gemeinsam mit Freund Paul Pizzera zeigt. „Dieser Podcast ist ein gemeinsames Freizeitprojekt und trotzdem auch Arbeit“, erläutert Philipp Hansa, der seit 2019 beim Eurovision Song Contest auch als Punktesprecher für Österreich fungiert. Seit dreieinhalb Jahren philosophieren die beiden Radiofreunde mit dem Musiker, Kabarettisten und Autor Paul Pizzera, der gemeinsam mit Otto Jaus als Musikduo Pizzera & Jaus zu den erfolgreichsten Künstlern Österreichs gehört, in ihrem Podcast höchst erfolgreich über das Leben. Und füllen mit ihrer spontanen Live-Show inzwischen auch altehrwürdige Hallen wie die Wiener Staatsoper, das Linzer Musiktheater, das Theater im Park und andere große Hallen quer durchs ganze Land. „Selbstverständlich drehen sich unsere regelmäßigen Telefonate auch um unsere Arbeit, zum Beispiel wenn wir uns für den Podcast abstimmen", erklärt Philipp. „Aber", meint seine beste Freundin, „es gibt auch bei uns private Treffen, wo wir überhaupt nicht über Arbeit sprechen. Weil es zum Glück noch wichtigere Dinge als Arbeit gibt – Familie, Umzug, Beziehung. Aber auch Ängste, Sorgen, Freuden – wurscht was, wir lassen da kein Thema aus."

Reden auch über Sex miteinander

„Wenn ich mit Gabi rede, gibt es nichts, das ich ausklammere. Auch nichts Körperliches. Natürlich rede ich auch über Sex mit meiner besten Freundin", bestätigt Philip. „Prinzipiell aber fänden wir es komisch, ein Thema wie Sex auszuschließen, nur weil wir eine Frau und ein Mann sind. Das Leben besteht aus den verschiedensten Beziehungen zwischen Menschen und Sexualität gehört dazu. Das bedeutet ja nicht, dass ich nicht bestimmte Intimitäten habe, die ich nur mit meinem Freund bespreche, so wie Philipp das mit seiner Freundin tut. Beziehung ist ja doch noch einmal etwas anderes. Das ist *next level*. Sonst gäbe es keinen Unterschied zwischen Freundschaft und Beziehung", bringt Gabi es auf den Punkt.

Worin konkret macht sich bei ihnen dieser Unterschied noch bemerkbar, wenn sie alles miteinander besprechen, in der Arbeit wie in der Freizeit gerne zusammen sind? „Ganz eindeutig durch das Körperliche", meint Philip. „Um es ganz plakativ zu sagen: Ich schlafe nicht in der Löffelstellung mit der Gabi ein." „Das wäre für deine Freundin und meinen Freund wohl auch sehr seltsam, auch wenn beide sonst sehr entspannt sind, was unsere enge Freundschaft betrifft. Wenn wir auf Dienstreise sind, dann haben wir selbstverständlich getrennte Zimmer", fügt Gabi hinzu. „Und natürlich das Gefühl! Ich liebe meinen Freund. Philipp hab ich lieb. Das ist ein gewaltiger Unterschied." „Genau! Freundschaft meint: Ich habe dich lieb. Liebesbeziehung bedeutet: Ich liebe dich", pflichtet Philip ihr bei und meint, damit sei die Abgrenzung zwischen den beiden Beziehungsformen nun gut definiert.

„Freundschaft plus, also Freundschaft und ab und zu auch Sex, war immer wieder ein Thema, das Menschen vor Dilemmas stellte, da wurde heiß diskutiert in unseren ‚Frag das ganze Land'-Sendungen", erinnert er sich. Darf ich meine Freundin auf Instagram blockieren? Muss ich die FreundInnen meines neuen Freundes mögen? Soll ich meinen Freund vor seiner neuen Liebe warnen? Kann ich mit jemandem befreundet sein, der politisch ganz andere Ideen gut findet als ich? Nur einige Fragen zum Thema Freundschaft, die in der samstäglichen Nachmittagssendung auf Ö3 besprochen wurden und werden.

„Freundschaft ist ein Riesenthema. Wenn in Freundschaften etwas schiefläuft, verunsichert es, macht es uns unrund. Das kennt doch jede und jeder von sich selbst", meint die Waldviertlerin Gabi Hiller, die über sich selbst sagt, sie sei „zu 90 Prozent gut gelaunt." Selbst wenn ihr Freund Philipp wieder einmal zu spät kommt? „Sagen wir so. In puncto Pünktlichkeit ist er inzwischen vom Lehrling zum Gesellen aufgestiegen. Aber er ist noch kein Meister", lacht sie, um darauf hinzuweisen, dass er auch für unser gemeinsames Gespräch im neuen Ö3-Haus am Wiener Küniglberg nicht akkurat zur angegebenen Zeit erschienen sei. „Ich bin halt gerne verlässlich. Und wenn ich sage, ich bin zu einer gewissen Zeit da oder dort, dann mache ich das so", reibt sie dem um fünf Jahre Jüngeren liebevoll dessen Schwachstelle unter die Nase. „Ja, sie ist sehr korrekt", gibt er schmunzelnd zu. „Ich bin wahrscheinlich der eine Spur Entspanntere von uns beiden. Sieht man auch an meiner ‚Pünktlichkeit'. Aber ich würde dir schon auch gerne sagen: ‚Lass die Zügel manchmal ein bisserl lockerer'", spielt er den Ball zurück., „Bei ein paar Dingen, meine ich. Nicht bei vielen Dingen." „Okay, gut. Damit kann ich leben", meint Gabi lachend und erzählt, dass die beiden „durchaus auch heftig miteinander diskutieren" könnten, wobei es immer eine Grundregel einzuhalten gäbe. „Nie während einer Sendung miteinander diskutieren oder gar streiten. Man fetzt sich nicht *on air*. Auch wenn wir unterschiedlicher Meinung bei einer Sendung sind, was es geben kann. Das wird nachher besprochen, aber wir reden die Dinge schon aus. Mit vielen Argumenten untermauert, kann das bis zu einer Stunde dauern. Aber am Ende muss es gut sein. Es ist nie so, dass wir tagelang aufeinander sauer sind wegen irgendetwas. Das gibt es bei uns nicht!" Vorbildliche Streitkultur also, die immer auch eines im Fokus hat: Gemeinsam sind sie erfolgreicher, auch wenn sie durch ihren Beruf natürlich auch in Konkurrenz zueinander kommen könnten, aber das wollen Gabi Hiller und Philip Hansa nicht zulassen.

Gemeinsam erfolgreich sein

„Wir wollen gemeinsam die Leiter raufklettern. Gabi war noch nie angefressen oder eifersüchtig auf etwas, das ich alleine gemacht habe. Wie meine Moderation bei ‚Starmania' im Fernsehen zum Beispiel. Ich glaube, wir sind beide gescheit genug, um zu wissen, dass es in unserem Business so ist, dass einmal der eine mehr machen kann, einmal die andere. Ich freue mich aus ganzem Herzen, dass Gabi in der ‚Comedy Challenge' in ORF 1 als Fernsehmoderatorin debütiert hat. Und wenn es jetzt die nächsten fünf Jahre bei ihr nur bergauf geht, dann ist das toll", meint Philipp Hansa, der seit 2022 gemeinsam mit Star-Astrologin Gerda Rogers auf Ö3 auch „Treffpunkt Sternstunden" moderiert.

Gabi Hiller wiederum ist seit 2014 gemeinsam mit den Ö3-Kollegen Robert Kratky und Andi Knoll für das Ö3-Weihnachtswunder im Einsatz, wo jedes Jahr vor Weihnachten mit einer fünf

Tage langen Livesendung Spenden für den „Licht ins Dunkel"-Soforthilfefonds gesammelt werden. Sie meint zum Thema Konkurrenz: „Ich weiß, dass sich Philipp alles, was er bisher gemacht hat, auch verdient hat. Da wäre es doch wirklich komisch, neidisch zu sein. Ich weiß, dass sich Außenstehende manchmal denken, dass uns beiden Dinge zufliegen würden. Dass es auch Menschen gibt, die kritisieren, dass wir schon wieder eine wichtige Sendung moderieren. Aber ich kann unter die Oberfläche sehen und ich weiß, wie viel Philipp arbeitet. Deshalb freue ich mich über alles, was da kommt!"

„Weißt du, was ich unlängst zu meiner Freundin gesagt habe?", meint dieser ernst, „wir beide haben uns gegenseitig beruflich schon so viel gebracht, dass ich alles, was jetzt noch kommt, nur entspannt sehen kann. Und sei es, wenn du einen Oscar gewinnst. Ich würde mich nie im Leben zurückgelassen, angegriffen oder sonst was fühlen. Und außerdem kann man im Leben immer nur mit dem Jetzt glücklich sein und das sind wir beide doch zu 100 Prozent, oder? Wir haben uns die letzten zehn, zwölf Jahre gegenseitig so viel gegeben, uns beruflich so gut unterstützt, dass ich mir gar nicht mehr wünschen könnte. Außerdem halte ich dieses Konkurrenzkonstrukt sowieso für bedenklich. Konkurrenz sagt eigentlich mehr über einen selbst als über die anderen aus. Ich konzentriere mich in meiner Arbeit lieber mehr auf mich und darauf, was ich kann, als mich über meine KollegInnen zu ärgern. Ganz unabhängig von Freundschaften, wo Konkurrenz eigentlich überhaupt keine Rolle spielen sollte", meint der erfolgreiche gebürtige Grazer, zu dessen engsten Freunden auch Popstar Julian le Play zählt, den Philipp einst bei Ö3 besuchte, als dieser dort als Radiomoderator arbeitete und seinen Freund überzeugte, sein Glück doch auch beim Radio zu versuchen.

Eng befreundet sind Gabi Hiller und Philipp Hansa mit Podcast-Kollegen Paul Pizzera, der wiederum mit seinem Freund Otto Jaus Erfolg und Freundschaft gut vereinen kann, wie die beiden meinen. Im Pop-Business fallen ihnen des Weiteren die österreichischen Stars Ina Regen und Josh als wirklich gute Freunde ein, Ed Sheeran und Taylor Swift sollen auch sehr eng befreundet sein, wissen sie über internationale Popstars und ihre Freundschaften zu berichten. Popsongs über Freundschaften hingegen seien eher rar, da dominiere ganz eindeutig die Liebe als Thema. „Vielleicht gibt Freundschaft einfach nicht so emotionale Texte her wie Liebesbeziehungen", mutmaßt Gabi Hiller, „starke Emotionen, Liebe oder auch Hass, lassen sich wohl besser zu Songs verarbeiten als nette Freundschaften." „Popstar Sam Smith meinte unlängst in einem Interview, es brauche eine harte, schmerzvolle Trennung, um ein gutes Album schreiben zu können", fällt Philipp Hansa dazu ein, der scherzhaft hinzufügt: „Also wenn dabei solch gute Musik herauskommt, dann von mir aus, trenn' dich oft", lacht er.

Prinzipiell wäre beiden Radiostars aber eine Welt ohne zu viel Dramatik und Polemik lieber, in der nicht jeder gegen jeden sei, was ihrem Empfinden nach in letzter Zeit immer ausgeprägter würde. „Was Donald Trump mit seinem ‚America first' ins Leben rief und was im Endeffekt ja nichts anderes als ‚Ich zuerst' bedeutet, hat eine Polarisierung angestoßen, die ich auch in unserer Gesellschaft zunehmend beobachte und die ich absolut hasse. Ich finde, wir müssen gegen diese Spaltung ankämpfen. Wir versuchen das auch in unserer Arbeit. Wutmanager Radio sozusagen. Über Konflikte zu reden, Lösungen zu suchen, Menschen wieder zusammenzubringen, das sehe ich auch als unsere Aufgabe an. Nur Playlisten abspielen können andere Medien, aber das ist ja auf die Dauer auch fad. Ich bin felsenfest davon überzeugt, dass gemeinsam alles besser funktioniert und darüber hinaus auch mehr Spaß macht. Wenn jeder seine Ellbogen ausfährt, dann kommt man vielleicht weiter, aber die Gesellschaft verliert dabei. Freundschaften sind auch ein Bindeglied in Gesellschaften", wird Philipp Hansa am Ende des Gesprächs nachdenklich.

Gabi Hiller erzählt, wie sehr sie beeindrucke, wie ihr gemeinsamer Podcast Menschen weit über die jeweiligen Sendungen zusammengebracht habe. „Da ist eine richtige Community entstanden. Unsere HörerInnen haben sich vernetzt, inzwischen gibt es auf dieser Plattform sogar eine Singlebörse und andere Aktivitäten. Die helfen sich untereinander“, freut sie sich darüber, was sie gemeinsam mit ihrem Freund und Kollegen hier bewirkt hat.

Zusammenhalten als Vorbild auch für andere? Möglicherweise liegt das auch an diesem „100 Prozent befreundet Sein“, wie Philip einmal über die Freundschaft mit Arbeitskollegin Gabi meinte. Was das bedeute? „Wir verrichten nicht nebeneinander unsere Arbeit, sondern wir sind zu 100 Prozent auch befreundet. Wir machen uns Gedanken übereinander, sind füreinander da und ich denke, das ist etwas ganz Besonderes, das wir beide sehr schätzen“, so Hansa. „Sie sagt mir nicht immer, was ich hören will. Gabi zeigt mir oft die andere Seite der Medaille auf. Sie sagt: ‚Hey, Philipp, ich verstehe voll, dass du das so siehst, aber …‘ Und alles, was nach einem aber kommt, ist immer stärker als das zuvor. Das ist für mich die Gabi. Die Gabi steht für mich nach dem Aber“, schließt er. „Das ist wirklich süß“, freut sich die Angesprochene und hat ihrerseits eine ganz spezielle Definition von Freundschaft parat: „Ein guter Freund ist wie ein guter BH: schwer zu finden. Aber wenn du ihn gefunden hast, dann hast du maximalen Support, maximale Unterstützung. Er gibt dir ein gutes Gefühl und ist nah am Herzen.“

Zum Abschluss erzählt Gabi noch vom „nettesten Geschenk“, das sie je von Philipp bekommen habe. Von einem Wikipedia-Artikel, also dem ersten Wikipedia-Eintrag über sie selbst. „Er fand, die Welt sollte mich kennenlernen“, strahlt sie, „also schenkte er mir diesen Artikel.“ Eine wirklich freundschaftliche Geste unter KollegInnen, die beim Googeln im Internet übrigens vor allem gemeinsam zu finden sind …

Gespräch mit Lisz Hirn

FREUNDSCHAFT – EINE FRAGE DER DEFINITION

Was Freundschaft überhaupt ist, was sie für uns bedeutet, das beschäftigt die Menschheit wohl, solange es sie gibt. Begibt man sich nun auf die Suche nach Definitionen dieser ganz besonderen zwischenmenschlichen Beziehung, landet man schnell bei den großen Philosophen der Antike. „Freundschaft, das ist eine Seele in zwei Körpern", meinte etwa der Universalgelehrte Aristoteles, der sich intensiv mit dem Freundschaftsbegriff auseinandersetzte und der natürlich nie erahnen konnte, dass seine Freundschaftsdefinitionen mehr als 2000 Jahre nach seiner Zeit in keiner Zitatensammlung zum Thema fehlen dürfte oder dass seine Aussprüche gerne strapaziert werden, wenn jemand einer befreundeten Person etwas besonders Gescheites ins Poesiealbum oder auf die Geburtstagskarte schreiben möchte, wie beispielsweise: „Die Freundschaft gehört zum Notwendigsten in unserem Leben. In Armut und Unglück sind Freunde unsere einzige Zuflucht. Doch die Freundschaft ist nicht nur notwendig, sondern auch schön."

Es liegt also nahe, sich dem Thema philosophisch anzunähern, wenn man – wie in diesem Buch – der Freundschaft auf der Spur ist. Nun ist der Beruf Philosoph oder Philosophin in unserer Welt zwar einer der exotischeren, aber es gibt ihn. Und zwar nicht nur an Universitäten, wo der oft genannte Elfenbeinturm wohl besonders von Vertreterinnen und Vertretern dieser Geisteswissenschaft bewohnt wird, sondern es gibt auch Menschen, die Philosophie studiert haben, um dieses Wissen in die Praxis unseres Lebens umzusetzen. Eine solche Philosophin ist Dr. Lisz Hirn. Geboren 1984 in der Steiermark, studierte sie Philosophie in Graz, Paris und Wien sowie einige Semester auch klassischen Gesang in Graz und Kathmandu (Nepal). Nach ihrer Promotion (Titel der Doktorarbeit: „Über die Wurzeln des lebensphilosophischen Denkens von Friedrich Nietzsche“ war sie Gastdozentin in Nepal, Tokio und Lima und unterrichtete in Tunesien ebenso wie an der Universität Wien.

Einen Namen machte sich Lisz Hirn aber vor allem durch ihre gesellschaftskritischen Bücher wie: „Wer braucht Superhelden“ oder „Macht Politik böse?“ sowie als scharfzüngige Kritikerin unserer aktuellen politischen und vor allem gesellschaftspolitischen Situation – mit Analysen, die stets einen philosophischen Hintergrund haben. Meiner Anfrage zu einem Gespräch über das Thema Freundschaft aus philosophischer Sicht sagte die vielbeschäftigte Philosophin sofort zu. Und so trafen wir einander an einem hektischen Herbsttag zu folgendem Gespräch in einer Bibliothek in der Wiener Innenstadt.

Sie sind Philosophin und wenn man den Begriff wortwörtlich aus dem Altgriechischen übersetzt, dann heißt Philosophin „Freundin der Weisheit“. Haben Philosophinnen deshalb besonders viel zu Freundschaft zu sagen?

Das möglicherweise nicht. Aber ich glaube, sie haben ein ganz spezielles Verhältnis auch zu dem Begriff, weil er in ihrer Berufsbezeichnung vorkommt; weil es einen feinen Unterschied gibt zwischen den Sophisten, die Weisheitslehrer sind und ihre Weisheit auch verkaufen, und denen, die sozusagen die Liebhaber der Weisheit sind, die sie nie besitzen werden. Ich finde, dieser Sehnsuchtsbeziehungsweise Freundschaftsgedanke ist ganz wertvoll, um zu begreifen, was Philosophieren sein kann.

Wenn wir bei der Begriffsdefinition beginnen: Freund, Freundin, woher kommt der Begriff überhaupt?

Da gibt es mehrere Ansätze, aber ich finde die etymologische Wurzel schön: zwischen „Frei“ und „Freund“. Das hat mir sehr zu denken gegeben, nämlich auch, was eine Freundschaft beiden oder mehreren gewähren kann. Nämlich dieses Gefühl, vertraut zu sein, sich frei bewegen zu können, frei sagen zu können, was einem auf dem Herzen liegt et cetera. Es ist also eine ganz besondere Beziehung, die eigentlich die freieste aller möglichen Beziehungen ist, die man haben kann, verglichen beispielsweise mit der Beziehung Eltern zu Kindern, jener unter Geschwistern oder auch in Bezug auf sonstige Abhängigkeitsverhältnisse, wie beispielsweise Chefin zu Angestellter. Freundschaft ist demnach die einzige Beziehung, in der man nach dieser etymologischen Wurzel nach „frei“ sein kann.

Freundschaft bedeutet demnach auch Freiheit in einer gleichzeitig engen Beziehung?

Ganz genau, und auf diese Person bezogen und gleichsam entstehend aus der Interaktion mit dieser Person. Ich allein bin es ja nicht, sondern meine Freunde geben mir die Möglichkeit, ich selbst zu sein, mich ausdrücken, mich entfalten zu können. Ich finde diese antike Trennung von Nutzenfreundschaft und Lustfreundschaft recht schön; genauso wie den Begriff Tugendfreundschaft, also eine Freundschaft, die eigentlich nur sich als Selbstzweck hat. Der Freund ist nicht mein Mittel, um anderes zu erreichen.

Ohne Hintergedanken, sozusagen.

Ohne Hintergedanken und ohne einen anderen Nutzen anzustreben, außer diese Beziehung.

Zu den unterschiedlichen Arten von Freundschaft kommen wir noch später. Freundschaft ist natürlich wie vieles im Leben auch eine Frage der Definition. Die klassischen Definitionen kommen aus der Antike. Aristoteles sagt, Freund-

schaft, das sei eine Seele in zwei Körpern. Klingt das nach unserem Empfinden nicht eher wie die Definition einer Beziehung?

Also einer Liebesbeziehung.

Ja, als Seelenverwandte bezeichnen Menschen ja auch oft ihre Partner. Wie ist dieses Zitat von Aristoteles zu interpretieren?

Also, ich glaube, es meint genau das: eine Liebesbeziehung. Nur ist unser Verständnis von Liebesbeziehung immer eine sehr strenge gewesen im Hinblick auf Mann und Frau oder andere Liebesbeziehungen. Aber in der Antike ist das Verhältnis anders. Da wird diese Freundschaft zwischen Gleichgeschlechtlichen höher geschätzt, weil eben diese eine korrumpierbare Ebene wegfällt, nämlich die erotische Ebene. In dem Moment, wo Lüste und Affekte mitspielen, ist es leichter, den Weg der Tugend zu verlassen. Aber genuin ist sie eine Liebesbeziehung, und was auch wesentlich ist bei dieser antiken Definition: Es hat auch etwas mit gleichgesinnt zu tun. Das heißt, man teilt gleiche Werte, gleiche Überzeugungen. Man begegnet einander auch auf Augenhöhe. Es besteht keine wie auch immer geartete Abhängigkeit. Es ist auch eine Art von Gleichklang, die man mit befreundeten Personen hat.

Um nochmals zu dieser Abgrenzung zwischen Freundschaft und Liebesbeziehung zu kommen: Nach heutigem Maßstab ist der Unterschied dann nur die sexuelle Anziehung?

Na ja, das ist natürlich noch einmal schwieriger, weil man da auch genauer das Konzept der Liebe ansehen muss. Wir kennen das Konzept der Philia, so wie es auch in der Philosophie vorkommt, das eher eine geistige, seelische Angezogenheit ist. Dann haben wir diesen ganz starken Faktor der Agape, also die Hinwendung zum Größeren, zum Göttlichen. Das ist, sagen wir einmal, vielleicht die kühlste Form einer Liebesbeziehung. Und dann haben wir den Eros als etwas sehr Physisches, das sich materialisiert und dann auch mit der Sexualität seinen Höhepunkt findet. Man muss da also sehr genau unterscheiden. Und wenn ich die Texte richtig lese, geht es nicht darum zu sagen, wahre Freundschaft hätte überhaupt keine erotischen Aspekte, denn die hat sie auch, aber eben in einer anderen Form. Hier stellt sich dann die sehr denkwürdige Frage, wie man sich seine Freunde denn aussucht. Zu wem fühlt man sich tatsächlich hingezogen? Sind diese Menschen einem besonders ähnlich, dann teilen sie dieselben Interessen. Aber ich darf nicht von ihnen abhängig sein. Das heißt, sie müssen einen ähnlichen sozialen Status haben. In diesem Freundschaftskonzept schwingt auch etwas Elitäres mit. Und dann gibt es eine zweite spannende Komponente, die wir vielleicht auch, zumindest im Moment – wer weiß, wie das in ein paar Jahren ausschaut – nochmals anders mitdenken müssen: Früher gab es eigentlich niemanden, der uns bei Notfällen von außen zu Hilfe hätte eilen können. Man war also angewiesen darauf, Freunde zu haben, denen man vertrauen konnte, die, etwas salopp formuliert, löschen kommen, wenn es „brennt". Es gab keine Feuerwehr, man musste sich von anderen abhängig machen und die anderen waren auch von einem abhängig – wenngleich nicht dieses typische Chef-Angestellten-Abhängigkeitsverhältnis. Es war vielmehr eine Interaktion unter Gleichgesinnten, die sich gegenseitig helfen und damit auch eine Freiheit gewährleisten.

Nutzenfreundschaft, Tugendfreundschaft, Lustfreundschaft

Sie haben vorhin die drei verschiedenen Arten von Freundschaft, wie sie Aristoteles definiert hat, bereits angesprochen. Vielleicht können wir uns diese noch einmal genauer anschauen? Da stellt sich natürlich sofort die Frage, ob diese antiken Kategorisierungen heute überhaupt noch Gültigkeit haben.

Na ja, ich denke schon, dass es diese Arten von Freundschaft immer noch gibt und dass wir ihnen auch in unserem Alltag begegnen. Diese Nutzenfreundschaft, bei der ein Freund einem anderen Freund nützlicher ist, beispielsweise, weil dieser mehr Expertise in einem Bereich, die richtigen Kontakte, vielleicht auch genug Geld hat und einem aushelfen kann. Ich denke, diese Art von Freundschaft gibt es tatsächlich sehr oft. Das wäre die eine Form von Freundschaft. Dann gibt es noch die sogenannte Lustfreundschaft. Diese würde ich ganz stark auf der Kinder- beziehungsweise Pubertätsebene ansiedeln. Das sind Freundschaften, die eingegangen werden, damit einem nicht langweilig ist. Man ist vielleicht nicht so gleichgesinnt, man teilt nicht alles, aber man teilt einiges, zum Beispiel die gleiche Schulklasse, einige Schulstunden, ein gewisses Maß an Freizeit und verbringt dann die Zeit miteinander. Dann geht man studieren oder steigt in den Beruf ein, und diese Freundschaften lösen sich auf. Weiters gibt es das Konzept von Tugendfreundschaften, das schon auf einer Ebene spielt, wo die Freiheit ins Spiel kommt, wo man sich gegenseitig „die Stange hält", Vertrauen zueinander hat. Diese Tugendfreundschaften sind oft Lebensfreundschaften, die viele Jahrzehnte andauern, in denen man einander also auch in Krisen beisteht. Da taugen Nutzen- und Lustfreundschaften weniger, denn wenn eine Person beispielsweise ihr ganzes Vermögen verliert, ich aber auf dieses Vermögen zähle, damit sie mir im Notfall finanziell aushilft, dann löst sich automatisch der Grund für diese Freundschaft auf – was jetzt zugegebenermaßen ein sehr böses Beispiel ist. Oder im Falle einer Lustfreundschaft: Wenn sich Schulklassen auflösen oder Lebensabschnitte enden, dann kann sich auch der Grund für die Freundschaft auflösen.

Sie philosophieren jetzt auf Basis von sehr alten Definitionen. Unsere Gesellschaften und damit auch unsere Freundschaften verändern sich aber ständig. Lässt sich kurz zusammenfassen, wie sich das Konzept der Freundschaft über die Jahrtausende verändert hat?

Da muss ich Sie leider enttäuschen, denn kurz zusammengefasst geht das leider nicht. Aber ich würde es vielleicht an der radikalsten Änderung festmachen wollen, nämlich mit den Freundschaften im digitalen, im virtuellen Raum. Das ist insofern spannend, als „normale" Freundschaften, die sich ja doch über Jahrhunderte hindurch mehr oder weniger konsistent erstreckt haben, schon ein Verbundenheits- und Gemeinschaftsgefühl betonen. Das führt direkt zur Frage, ob sich dieses Freundschaftskonzept auch beispielsweise im Netz denken lässt. Der deutsch-koreanische Philosoph Byung-Chul Han hat meiner Meinung nach diesen Aspekt in seinem letzten Buch sehr gut herausgearbeitet, nämlich den Unterschied zwischen „vernetzt" und „verbunden sein". Das ist nämlich nicht dasselbe.

Das Gefühl, verbunden zu sein, ermöglicht in dieser gemeinsamen Interaktion, auch in der leiblichen, körperlichen Präsenz, sich verbunden zu fühlen. Das aber funktioniert im Netz anders, weil im Netz eine Gemeinschaft simuliert wird, diese aber einer wirklichen Komponente entbehrt, beispielsweise der physischen Komponente – eine Komponente, dass man sich gegenseitig freispielt, also einen Raum dafür gibt, dass man offen über alles reden kann. Natürlich wird auch im Netz geredet. Die Frage ist aber: Ist das wirklich reden oder ist es einfach nur, Affekte auszutauschen? Wie verbindlich ist eigentlich so ein Gespräch? Gibt es einen Beistand, den man ja normalerweise auch bei Freundschaften im Netz einfordert? Bedenken Sie bitte auch, dass im Netz auch simuliert und nachgeahmt wird. Natürlich kann man Geburtstagsannoncen schreiben und sagen „Ich denk an dich, alles Gute!", aber spielt das wirklich qualitativ auf derselben Ebene, wie beispielsweise zu einem Fest zu fahren, hier zeitintensiv für jemanden da zu sein? Das sind die spannenden Fragen, ob sich nämlich das Konzept der Freundschaft ändern wird müssen oder ob wir einen neuen Begriff benötigen für das, was sich in der virtuellen Welt abspielt. Ich tendiere eher hin zu einem neuen Begriff.

Aus meiner Sicht ist das Konzept von Freundschaft ganz stark mit „verbunden" konnotiert, und das hat auch etwas mit Körperlichkeit zu tun und mit dem Aufwand, den man betreibt. Das betrifft sowohl die Kosten- als auch die Zeitintensität. Das aber findet sich nicht im Netz. Aber auch das andere, das Vernetzte, ist für mich ein Bereich, wo man vielleicht ebenfalls noch einen Begriff wird finden müssen, um klarzulegen, welche Art von Beziehung das eigentlich ist. Da bin ich aber noch etwas unsicher. Auch habe ich noch nie von einem neuen diesbezüglichen Begriff gelesen, lasse mich diesbezüglich aber gerne belehren.

Verbunden oder vernetzt – Freundschaft und Social Media

Über Social Media und die dortigen sogenannten Freundschaften müssen wir sowieso noch genauer sprechen. Da bezeichnen sich ja Menschen als Freunde, obwohl sie sich vielleicht noch nie in ihrem Leben begegnet sind oder begegnen werden. Und völlig anders als im echten Leben, von dem man sagt, dass man vielleicht zwei oder drei wirklich enge Freunde hat, gilt in sozialen Netzen als erstrebenswert, besonders viele Freunde zu haben. Das führt das Konzept von Freundschaft doch eigentlich ad absurdum, oder?

Das auch! Und wir kommen zu einem weiteren interessanten Aspekt, den ich hinsichtlich der Zeit- und Kostenintensität schon kurz erwähnt habe: Das Witzige daran ist ja, dass all diese Beziehungen auch ökonomisch interessant sind, und zwar nicht nur auf finanzieller Ebene, sondern auch, weil jeder nur einen begrenzten ökonomischen Kosmos zur Verfügung hat. Die zur Verfügung stehende Zeit ist endlich, was bedingt, dass man sich diese während des Tages gut einteilen muss. In den sozialen Medien ist das anders, denn dort kann ich per WhatsApp oder andere Kommunikationsmitteln 50 Leuten und mehr eine Nachricht schicken. Ich kann aber nicht 50 Leute an einem Tag treffen beziehungsweise anrufen, um ihnen etwas mitzuteilen.

Zumindest jeden Tag wird das nicht funktionieren …

Ganz genau. Natürlich kann ich, je nach Medium, den Aufwand auch im Netz ein wenig reduzieren, aber in jedem Fall leidet darunter die Qualität des Gesprächs oder des Austauschs und ich kann diese Verbundenheit eben nicht herstellen. Ich bin vernetzt, aber ich bin nicht wirklich verbunden. Diesen Mangel muss man sich immer bewusst machen. Wir kommen um die ökonomische Frage, um die sich in unserem Leben so vieles dreht, also auch beim Thema Freundschaft nicht vorbei. Und natürlich stellt sich die Frage, wo unsere Grenzen sind. Endlos viele Freunde gibt es nicht, und wer kennt schon alle 1.000, 2.000 oder 3.000, mit denen er via Facebook et cetera verlinkt ist. Und selbst wenn es nur ein paar Hundert sind: Auch die wird er nicht wirklich kennen. Der Kabarettist Stefan Haider hält in einem seiner Programme treffend fest, dass Jesus nur zwölf Apostel hatte und von denen war schon ein Verräter dabei. Wenn man jetzt 600 Facebook-Freunde hat, kann man sich leicht ausrechnen, wie viele problematische es darunter geben muss. Um diese zu erkennen, fehlt aber der Überblick. Was auch nicht vergessen werden darf, ist – neben dem ökonomischen Aspekt – die gewisse Exklusivität, die jede Freundschaft beinhaltet. Man ist nicht ein guter Freund von allen, sondern von ausgewählten Menschen. Freunde haben einen besonderen Status, ein besonderes Wissen, und sie genießen ein besonderes Vertrauen.

Wobei es im Netz schon unterschiedliche Ebenen der Vernetzung gibt, beispielsweise definierte Freundesgruppen. Aber glauben Sie, dass das spezielle Miteinander im Social-Media-Bereich, den es ja nun auch schon einige Zeit gibt, Einfluss hat oder haben wird auf unsere klassischen Freundschaften? Dass wir Menschen einen anderen Zugang zueinander entwickeln und finden werden?

Das könnte ich mir schon vorstellen – wobei ich mich da weit hinaus in die Spekulation bewege. Ich bin mir aber sicher, dass es dazu bereits exakte Studien von psychologischer Seite gibt. Was man aber mit Sicherheit sagen kann, ist, dass die Kommunikation schon jetzt anders verläuft und dass Inhalte anders ausgetauscht werden. Wir bemerken durch die sozialen Medien eine starke Blasenbildung, und bitte beachten Sie, dass Blase und Freundschaft absolut nicht dasselbe ist.

Das Spannende an einer Blase ist ja, dass wir uns hier gleichsam in „Safe Spaces“ bewegen, wir also dasselbe denken, was wiederum bedeutet, dass wir uns auch keine Freiheiten mehr geben müssen. Es ist vielmehr evident und absehbar, was in der Blase gesagt wird und welche Regeln dort existieren. Wer anders denkt, findet sowieso keinen Eingang in die Blase. Das aber hat mit Freundschaft nichts zu tun, denn dort kann man sich natürlich auch einmal ehrlich die Meinung sagen, also dem Freund den viel gelobten Spiegel vorhalten. In der Regel wird man ehrliche Kritik nur von Freunden ertragen, nicht aber von Personen aus einer Blase. Um Kritik zu ertragen, braucht es einfach einen speziellen freien Raum, wie ihn Freundschaften in diesem klassischen Konzept nun einmal bieten können. Ich betone: „können". Denn ob sich dann tatsächlich in jeder Freundschaft immer dieser Freiraum auftut, dafür würde ich jetzt meine Hand nicht ins Feuer legen. Aber es ist zumindest das Ideal, nämlich dass Freunde ein Vorrecht haben, den Spiegel vorzuhalten und umgekehrt auch Selbstkritik anzunehmen.

Wenn man all diese Definitionen und Beobachtungen auf die ganz persönliche Ebene herunterbricht: Wie erkenne ich, dass ich mich in einer Freundschaft befinde?

Ich denke, es ist möglich, sich allein in jemanden zu verlieben, aber man kann nicht allein mit jemandem befreundet sein. Tatsächlich müssen sich beide als Freunde erkennen. Jetzt kann man sich natürlich auch täuschen und einseitig davon überzeugt sein, sich in einer Freundschaft zu befinden, obwohl es tatsächlich vielleicht nur eine lose Bekanntschaft ist. Trotzdem: Freundschaft existiert nur dann, wenn ein gegenseitiges Anerkennen da ist. Das muss jetzt nicht unbedingt so ablaufen wie im Kindergarten oder in der Volksschule, wo wir einander die Hand geben und sagen: „Sind wir jetzt Freunde oder nicht?", womit wir unsere Freundschaft gleichsam bestätigen. Interessant dabei ist jedenfalls, dass man sogar bei Kindern merkt, dass dies eine der essenziellen Fragen ist, nämlich diese Form der Annäherung – sind wir nun Freunde oder nicht? Denn dann gelten auch andere Regeln. Und ein bisschen finden wir das auf der Erwachsenenebene auch noch. Aber, wie gesagt: Ich kann allein traurig verliebt sein, unglücklich verliebt sein. Aber eine einseitige Freundschaft, das sehe ich nicht.

Aber es kann doch sein, dass einer mehr die Freundschaft will als der andere?

Da haben Sie völlig recht, und das führt direkt zur Frage der Art der Freundschaft. Dazu ein Beispiel: Jemand befindet sich für drei Monate zum Auslandsaufenthalt in Paris und freundet sich mit drei Kollegen an. Alle vier wissen, dass wenn der Auslandsaufenthalt beendet ist, sie einander eher nicht mehr sehen werden. Für die drei gemeinsamen Monate ist diese Art der Freundschaft aber völlig legitim und kann auch gut funktionieren. Ich denke jedenfalls, dass das antike Konzept, jenes der Tugendfreundschaft, das Sie auch angesprochen haben, das schwierigste ist.

Obwohl wir uns doch alle genau danach sehnen, nach dieser Freundschaft völlig ohne Hintergedanken?

Ja, genau. Aber wie alle Ideale ist wohl auch diese Art von Freundschaft oft zum Scheitern verurteilt. Interessant ist dabei zu beobachten, wie sich dieses Ideal, das wir ja alle anstreben, mit der Zeit verändert und welche Chancen es dafür heutzutage überhaupt noch gibt.

Wie werden Menschen zu Freundinnen und Freunden?

Worüber wir noch genauer sprechen sollten: Was macht es überhaupt aus, dass Menschen anderen Menschen Freunde werden? Was liegt da „in der Luft", dass man sich befreundet?

Da kehren wir wieder zur Anfangsfrage zurück, beziehungsweise auch zum eigentlich Problematischen einer Freundschaft: Die Auswahl erfolgt eben nicht demokratisch in dem Sinne, dass die Gesellschaft darauf achtet, dass jeder von uns gleich viele Freunde – oder zumindest einen Freund – hat. Vielmehr spielen hier gleiche

Interessen hinein, und natürlich auch eine spezielle Anziehungskraft, womit wir auch wieder bei der erotischen Komponente sind. Es geht also darum, was liebe ich am anderen und was zieht mich an ihm an.

Wenn man also eine Freundin auch fesch findet?

Zum Beispiel, ja. Oder sie hat ein angenehmes Äußeres und kleidet sich so, dass ich es verstehe und in Bezug auf meine Community auch akzeptiere. Da gibt es sehr viele Facetten – religiöse Kleidung, säkulare Kleidung, dem Stil der Community entsprechend et cetera. Das heißt nicht, dass es nicht auch Ausnahmen geben kann. Eine Kontrolle darüber haben wir freilich nicht. So gibt es beispielsweise auch Menschen, die man – im wahrsten Sinn des Wortes – nicht riechen kann, obwohl sie vielleicht sympathisch sind oder auch ähnliche Interessen mit einem aufweisen.

Eigentlich gar nicht so leicht, sich zu befreunden. Da schwingt so viel mit …

Da schwingt ziemlich viel mit. Freundschaft ist ein sehr elitäres Konzept, weil es auch exklusiv ist. Man ist nicht mit jedem befreundet, das würde auch gar nicht funktionieren. Was ich auch feststelle, ist, dass es eigentlich gar nicht so schwierig sein sollte, auch als erwachsener Mensch noch einmal tiefe Freundschaften aufzubauen. Ganz im Gegenteil, es ist sogar wahrscheinlicher, später im Leben jemanden zu finden, der vielleicht ähnlichere Interessen hat als die Jugendfreunde. Das Problem dabei ist die Zeit, die uns oft fehlt, womit wir wieder bei der Ökonomie wären. Sobald das Leben verplant ist, stehen nur geringe Ressourcen für neue Freundschaften beziehungsweise deren Vertiefung und den gegenseitigen Austausch zur Verfügung. Nur so aber gelingt Verbundenheit. Das ist der Vorteil des Internet, des Vernetzens. Da kann ich gleichsam in zehn oder 15 Minuten und einer Nachricht am Tag mich melden und irgendwie connecten. Aber, wie gesagt, ich würde das strikt unterscheiden von dem, was wir unter Verbundenheit verstehen.

Haben damit lebenslange Freundschaften auf jeden Fall eine andere Qualität als Freundschaften, die man erst später im Leben findet? Wenn ich mit 50 Jahren jemanden kennenlerne und mich intensiv befreunde, fehlen mir vielleicht 40 gemeinsame Jahre, die ein großes Gut darstellen.

Selbstverständlich. Es können sogar 40 furchtbare Jahre gewesen sein, aber man kennt einander trotzdem gut, und diese „ewige" Freundschaft gibt einem das Gefühl, wieder jung zu sein und diese Energie zu haben. Wobei es obsolet ist zu bewerten, welche Freundschaft jetzt die bessere ist. Das ist einfach eine Frage unterschiedlicher Qualitäten. Späte Freundschaften sind vielleicht nicht so ausgewogen und sicherlich erzählen sie eine nicht so lange Geschichte. Hier sehe ich eher einen starken Kontrast zwischen vernetzt und verbunden. Und ich denke, man kann sich auch noch mit 60 Jahren sehr eng befreunden und dies auch sehr genießen, vielleicht sogar mehr als Kindergartenfreundschaften, die man noch mitschleppt und wo man sich nur ein paar Mal im Jahr sieht.

Der Mensch ist ein soziales Wesen und sucht natürlich Freundschaften. Nun haben wir alle eine extreme Pandemie-Phase hinter uns, mit Lockdowns und Social Distancing. Wie hat sich Ihrer Meinung nach die Pandemie auf Freundschaften ausgewirkt?

Da kann ich jetzt nur spekulieren und mich selber beobachten, da dies kein genuin philosophisches Thema ist. Aber was ich schon gemerkt habe, ist, wie sich die Möglichkeit, einander im digitalen Raum zu treffen, auf die „normalen", die analogen Freundschaften ausgewirkt hat. Das ist von der Qualität her schon noch einmal ganz anders. Online kann man ja viel simulieren, auch wenn man hier rasch an seine Grenzen gelangen kann. Wenn ich jemanden spüre, rieche, wahrnehme, also alles, was da neuronal oder chemisch dazukommt, das ist natürlich bei virtuellen Begegnungen komplett ausgeblendet. Damit aber sind Online-Begegnungen viel weniger intensiv. Und wenn man Daten glauben kann, neigt man in Online-Begegnungen auch eher dazu abzuschalten, beziehungsweise sich

ablenken zu lassen. Man hört nicht mehr so intensiv zu, man ist nicht mehr so präsent. Es ist daher nicht verwunderlich, dass es diese Sehnsucht gibt, Leute wieder zu treffen, wenngleich nach wie vor die Angst vorherrscht, wie denn persönliche Treffen nach einer so langen Zeit der Entwöhnung ablaufen.
Sich mit jemandem nach einer langen Abstinenz zu konfrontieren, erfordert schon einiges an Schneid und Energie. Es ist einfach anders, eine Begegnung zu planen, zu der ich hingehe, bei der ich mich konfrontieren muss und ich auch nicht sofort wieder wegkann. Ich habe die Person lange nicht gesehen, ich muss mich auf sie einlassen. Ich weiß nicht, wie sie auf mich reagiert und ich kann mich nicht schnell wegdrücken wie im Netz, wenn es unangenehm wird im Gespräch. Aktuell beobachte ich gespannt, wie wir unser Miteinander wieder ins Analoge transferieren. Was wird überleben? Auch habe ich erlebt, dass im Lockdown einige Freundschaften gescheitert sind. Wie auch immer: Das alles sind bloß meine Wahrnehmungen, die natürlich subjektiv sind.

Freundschaften sind also brüchig geworden.

Ja, oder sie haben sich auch irgendwie aufgelöst. Daher ist es interessant, nachzufragen beziehungsweise sich auch selbst zu befragen, ob das im gegenständlichen Fall nicht vielleicht doch eher eine Nutzen- oder Lustfreundschaft war. In diesem Sinn war und ist die Pandemie vielleicht auch eine Chance, jeweils für sich zu überprüfen, welche meiner Freundschaften für mich wirklich gut und wichtig sind. Und welche Begegnungen gehen mir ab und auf welche Begegnungen könnte ich im schlimmsten Fall verzichten.

Wie Freundschaften auseinandergehen …

Um von der speziellen Pandemiesituation wieder auf eine allgemeine Ebene zu kommen: Wie gehen Freundschaften eigentlich auseinander? Gibt es da Muster? Manchmal werden aus besten Freunden ja gar beste Feinde …

Das steht natürlich im Raum und bietet sich auch an, weil diese neuen „Feinde“ alles über einen wissen und genau spüren, welche Schmerzpunkte man hat. Das ist auch insofern interessant, als damit aus Freundschaft noch einmal etwas anderes entsteht. Dieser Mechanismus passiert im Übrigen auch bei Eltern, denn auch sie kennen alle „heiklen“ Punkte ihrer Kinder. Aber es ist schon ein Unterschied, ob ich mit jemandem einen gesicherten, vertrauten Raum aufgebaut habe, der dann sabotiert wird, oder ob es sich um ein Verwandschaftsverhältnis handelt. Es geht dabei ja auch darum, welche Tugenden ich besitzen muss, um überhaupt gute Freundschaften führen zu können – wie auch immer man eine Freundschaft als gut empfindet.

Womit wir wieder bei Aristoteles und seiner Kategorisierung von Freundschaften sind. Apropos: Von Aristoteles finden sich besonders viele Zitate zum Thema Freundschaft – wobei es generell viele sehr gute Zitate zu Freundschaft gibt, auch aus der Philosophie. Haben Sie eigentlich ein Lieblingszitat?

Es gibt unendlich viele. Eines gefällt mir besonders gut. Das ist zwar nicht von einem Philosophen, sondern es stammt vom irischen Dramatiker und Kritiker George Bernhard Shaw: „Freunde sind Gottes Entschuldigung für Verwandte.“

Das passt wunderbar dazu, dass Freundschaften oft als Wahlverwandtschaften bezeichnet werden.

Absolut. Und ich finde dazu passt ein Zitat von Nietzsche, der ja auch ganz viel zum Thema Freundschaft gearbeitet hat, vor allem in seinen frühen Schriften. Er sagt, dass man mit niemandem weniger verwandt sei als mit seinen echten Verwandten. Das trifft schon irgendwie den Kern. Familienmitglieder sind also nicht unbedingt die Gleichgesinnten, bei denen man die Freiheit, die eine Freundschaft benötigt, auch genießen kann.

Was ja auch auf unseren Zeitgeist zutrifft, wenn Freundschaften oft die Familie ersetzen.

Exakt. Oder wenn „Freundschaften", bewusst unter Anführungszeichen gesetzt, die funktionierenderen Familien sind. Ich spreche bewusst nicht von „besseren", nur von „funktionierenden" Familien, die gleichsam nachgebaut werden. Da wird dann ganz schnell jemand als Bruder oder Schwester bezeichnet, ohne es in Wirklichkeit zu sein.

Gar nicht gesprochen haben wir von den Gefahren, die Freundschaften in sich bergen.

Eine Gefahr von Freundschaft ist zum Beispiel die Freunderlwirtschaft, was bedeutet, dass ich mich im beruflichen Kontext nur mehr mit den Menschen umgeben will, von denen ich weiß, dass sie mir auf keinen Fall schaden beziehungsweise nur nützen werden. Damit aber bin ich automatisch sehr unkritisch, indem ich immer nur meine „Freunde" vorziehe. Im politischen Bereich finden wir das sehr häufig – Stichwort Vitamin B. Jetzt ist das natürlich auch irgendwie nachvollziehbar, aber es ist trotzdem wichtig, darauf einen wachsamen Blick zu haben, damit dieses Konzept der Freundschaft nicht vollkommen aus dem Ruder läuft. Letztendlich ist das auch eine moralische Frage.

Freundschaften haben also durchaus auch ihre Tücken. Sie verlaufen auf unterschiedlichsten Ebenen und haben verschiedene Zwecke beziehungsweise bestehen in der reinsten Form ausschließlich aus Zuneigung ohne Hintergedanken. Darüber weiter zu philosophieren würde mehrere Bücher füllen. Für die Philosophin Lisz Hirn sind Freundschaften in ihrem eigenen Leben übrigens „sehr wichtig", wobei sie beobachtet, dass sich ihre Freundschaften über die Jahre verändern. Auch sei sie immer wieder überrascht worden, wie sich in schwierigen Zeiten Freundschaften wieder entfaltet haben, von denen sie dachte, sie wären längst ausgelaufen und vorbei. Bei wirklich guten Freunden habe sie selbst eine „große Schmerztoleranz", vor allem bei Freundschaften, die noch aus der Schulzeit stammen. Da orte sie bei sich selbst ein großes Wohlwollen für die Person und die Beziehung, selbst wenn der- oder diejenige etwas denkt, das sie überhaupt nicht nachvollziehen könne. Trotzdem gebe es auch in Freundschaften Grenzen, die man nicht überschreiten könne. Ein gewisses Maß an Unterschiedlichkeit, an anderen Weltanschauungen, würden ihre eigenen Freundschaften schon vertragen, nur müsse dann eine Methode gefunden werden, damit auch umzugehen. Und gerade das sei einigen ihrer Freunde während der Pandemie leider nicht gelungen. Wenn sie ihr eigenes Leben ansehe, dann habe „der gute alte Aristoteles" mit seiner Kategorisierung schon einen Punkt getroffen. Denn, ganz ehrlich betrachtet, gebe es bei ihr einen großen Unterschied zwischen Tugendfreundschaften, Lustfreundschaften und Nutzenfreundschaften. Wie wohl bei den meisten von uns …

Anneliese Rohrer & Susan Buckland

GRÜNE TOMATEN

In Österreich kennt man Anneliese Rohrer als scharfzüngige Kommentatorin, als mitunter sehr resch auftretende Diskutantin in TV-Talk-Runden, als Journalistin, die sich kein Blatt vor den Mund nimmt und die seit mehr als vier Jahrzehnten über die heimische Innenpolitik berichtet und die dafür oft geliebt, aber auch kritisiert wird. Von Mitte der 1970er- bis Anfang der 2000er-Jahre arbeitete sie durchgehend für die „Presse", unter anderem als Leiterin des Innenpolitik-Ressorts, bis sie im Jahr 2004 unfreiwillig in Pension geschickt wurde, um seitdem noch mehr zu arbeiten: als Kolumnistin, inzwischen wieder bei der „Presse", viele Jahre auch als Lektorin an der FH für Journalismus, als Buchautorin oder als Filmemacherin gemeinsam mit ihrer Tochter Katharina. Zigfach wurde die wohl bekannteste Journalistin Österreichs für ihre journalistische Arbeit ausgezeichnet und in den letzten Jahren, sehr zu ihrem Missfallen, oft als „Doyenne" oder „Grande Dame" der politischen Berichterstattung bezeichnet.

Dass Anneliese Rohrer aber auch eine ganz andere als ihre öffentliche Seite hat, dass sie bereits als Schülerin ein Jahr in den USA verbrachte, nach ihrem Geschichtsstudium mehrere Jahre in Neuseeland an der Universität unterrichtete und ihr Leben lang immer gern die Welt bereist, wissen nur wenige. Genauso wenig, dass sie eine unglaublich empathische, warmherzige Frau ist, sich als junge Journalistin aber ein taffes Auftreten zulegen musste, um als eine von ganz wenigen Frauen in einer ausschließlichen Männerwelt – sowohl im Journalismus als noch viel mehr in der damaligen Politikszene – zu bestehen. Wer das Privileg hat,

Seit 1972 eng mit ihrer neuseeländischen Freundin verbunden

mit Anneliese befreundet zu sein, erlebt eine herzliche, humorvolle Frau, für die Freundschaft einen hohen Stellenwert im Leben hat. „In Freundschaften muss man auch investieren", sagt sie gern und trifft damit einen wichtigen Punkt, vor allem wenn es um lebenslange Freundschaften geht, die ohne freundschaftliche Pflege wahrscheinlich über die Jahrzehnte irgendwann im Sand verlaufen würden. Ganz besonders, wenn man weit auseinander wohnt. So wie Anneliese und Susan.

24 Flugstunden voneinander entfernt

„Wir waren in der Sekunde einer Meinung. Was die Qualität neuseeländischer Männer angeht", lacht Anneliese bei unserem virtuellen Date mit ihrer Freundin Susan, die sich aus Neuseeland dazuschaltet, wo es bereits Abend ist, während wir gerade unseren ersten Kaffee trinken. „Oh ja", stimmt diese ein, „ich war 20 Jahre alt und damals eigentlich recht leicht zu beeindrucken. Aber ich kam gerade nach drei wunderbaren Jahren in Italien in meine Heimat zurück. Ich war italienische Männer gewohnt und zurück in Neuseeland hatte ich oft Heimweh nach Italien. Stimmt's, Bella?", scherzt sie und lächelt ihre Freundin über die Computerverbindung an.

Anneliese und Susan lernten einander 1972 kennen, als Anneliese bereits seit einigen Monaten als Lektorin am Geschichtsinstitut der Universität Auckland tätig und mit Neuseeland in einer Krise war. „Das Fatale an Neuseeland war, dass es dort auf den ersten Blick so aussieht wie in Europa, ähnlich wie in Wales beispielsweise. Aber das war trügerisch, nichts sah für mich exotisch aus, doch die Lebensweise der Menschen war völlig anders als bei uns", erklärt sie ihre damaligen Schwierigkeiten sich einzuleben. „An Sonntagen beispielsweise stand das Leben wirklich still. Alles war unfassbar traditionell und dem Leben in Europa Jahrzehnte hinterher. Die neuseeländische Gesellschaft tickte eher wie unsere in den 1940er-Jahren", analysiert sie, die sich aber nie die „Niederlage, nach Österreich zurückzukehren" zugestanden hätte und folglich in dem Land, „wo es mehr Schafe als Menschen gab", blieb. „Neuseeland war in den 1970er-Jahren eine wirklich geschlossene, konservative Gesellschaft", ergänzt Susan, die aus einer der angesehensten Familien des Inselstaates im südlichen Pazifik stammt. Ihr Vater Owen Woodhouse war Spitzenjurist, Höchstrichter und ist auch als Urheber eines progressiven Unfallversicherungsgesetzes in Neuseeland bekannt.

„Wunderbare Landschaft, aber sonst nicht viel", beschreibt Susan ihres und auch Annelieses damaliges Gefühl, das mit ein Grund war, warum sich die beiden jungen Frauen so schnell anfreundeten. „Ich hatte eine großartige Zeit in Italien und überhaupt in Europa. Aber als ich meine Eltern, die auf einem Businesstrip durch Europa waren, nach drei Jahren wiedersah, war das so überwältigend, da wusste ich: Ich muss jetzt zurück. Wäre ich länger geblieben, wäre ich wahrscheinlich nie mehr nach Neuseeland zurückgekehrt, aber im Endeffekt wollte ich doch wieder nach Hause, weil ich meine großartige Familie vermisste", erinnert sich die temperamentvolle Susan Buckland.

Anneliese Rohrer hingegen hatte es nach Neuseeland verschlagen, weil sie am Ende ihres Geschichtsstudiums in Wien unbedingt ganz weit wegwollte. Sie steckte damals in einer „derartig schwierigen" Beziehung, dass sie das Weite suchte. „In Australien gab es Verwandte, also dorthin auf keinen Fall. In den USA lebte ich bereits ein Jahr als Schülerin. Großbritannien war definitiv zu nah. Also blieb Neuseeland", schildert sie ihre in den 1970er-Jahren exotische Entscheidung, sich in Neuseeland als Universitätsassistentin zu bewerben. „Neuseeland war nicht nur geografisch am anderen Ende der Welt, sondern damals tatsächlich aus der Welt." Aber jede Europäerin, die sich „zu den Kiwis verirrte", war damals hoch willkommen, und so brachte Anneliese ein Brief an das Geschichtsinstitut der Universität Auckland sofort einen Job.

Treffen einander fast jedes Jahr auch persönlich

Kaum war das Studium in Wien abgeschlossen, übersiedelte sie in ein Land, das sie sich von Wien aus anders vorgestellt hatte. „Als ich dort an die Uni kam, teilten sie mich für chinesische Geschichte ein. Ich musste also mit den Studierenden nach der Vorlesung in einer Art Tutorium nachbesprechen, was gelehrt wurde. Dabei hatte ich mit chinesischer Geschichte eigentlich nie etwas am Hut gehabt“, schilderte sie ihre Anlaufschwierigkeiten in Neuseeland. Welch Glück, dass eine neuseeländische Freundin, die Anneliese in den USA kennengelernt hatte, nach einigen Monaten ein Fest für sie ausrichtete – auf dieses Fest ging auch Susan, die gerade erst aus Europa zurückgekehrt war und damals als Reporterin bei der angesehensten Zeitung Neuseelands arbeitete und eine „bekannte Persönlichkeit“ war, wie Anneliese erzählt. „Sie war anders als die anderen Neuseeländerinnen, das bemerkte ich sofort. Und es tat so gut.“ Nicht nur ihr. „Bei Anneliese hatte ich damals das Gefühl, dass sie mich besser verstehen konnte als meine neuseeländischen FreundInnen. Wir hatten sofort einen Draht!“, weiß Susan. „Sie kam aus guten Gründen nach Neuseeland. Ich kam aus guten Gründen nach Neuseeland zurück. Trotzdem hatten wir beide so unsere Probleme mit dem Leben dort. Wir verstanden uns auch deshalb so gut, weil wir unsere jeweilige Situation so gut nachvollziehen konnten.“ Und weil sie bald viele gemeinsame Interessen entdeckten und auch gerne Einladungen gaben.

Hört man ihren Andeutungen über ihre gemeinsame Zeit in Neuseeland zu, ist nicht zu überhören, dass sie es wirklich lustig hatten und wenig anbrennen ließen ... „Noch etwas verband Susan und mich von Beginn an: keine Freiluftkultur und *absolutely no sports*“, lacht Anneliese, der eigentlich bereits vor ihrem Studium klar gewesen war, dass es sie zum Journalismus zog und die bald begann, sich auf „der Suche nach dem augenscheinlich Anderen“ immer intensiver mit der indigenen Bevölkerung Neuseelands zu beschäftigen, oft auch an Treffen der Maori teilnahm, deren Kultur sie faszinierte. In dieser Zeit lernte Susan einen Mann kennen, mit dem sie „schnell Ernst machte“, wie es ihre Wiener Freundin formuliert. Heirat und schon bald Übersiedlung nach Los Angeles, hieß es also für Annelieses Freundin. Doch das Glück hielt nicht lange: Nach zwei Jahren kehrte Susan mit ihrem kleinen Sohn und frisch geschieden zurück.

Für Anneliese hingegen neigte sich ihre Zeit in Neuseeland dem Ende zu. Zwar musste sie sich selbst noch beweisen, dass sie an der Uni Auckland einen fixen Job bekommen hätte, den sie dann „natürlich ablehnte“ und nach knapp drei Jahren „bei den Kiwis“ zurück nach Wien ging. Die schwierige Beziehung, vor der sie ursprünglich bis ans Ende der Welt geflohen war, lag nun auch schon lange genug zurück und es war Zeit, heimzukehren und Journalistin zu werden.

Briefe schreiben

„Ich bin so happy, dass wir uns zu einer Zeit kennenlernten, als *written correspondence* noch wichtig war“, meint Susan. „Wir haben unsere Ideen und Eindrücke in vielen Briefen geteilt. Wir schrieben uns regelmäßig“, erinnert sie sich. Ein Brief zwischen Neuseeland und Österreich kam in circa einer Woche an, was erstaunlich kurz klingt. „Aber das wirklich Wunderbare an unserer Freundschaft ist, dass wir uns seit 1974 fast jedes Jahr persönlich getroffen haben. Wenn nicht in Österreich oder Neuseeland, wo es Anneliese jedes Mal an ihr geliebtes Meer und die wunderbaren Strände zieht, dann irgendwo anders in Europa. Oder auch in den USA, zum Beispiel in New York, aber auch in Singapur“, erinnert sich die Reisejournalistin. „Wir sind beide Abenteuerinnen, das passte gut. Damals reisten nur wenige Menschen so viel und so international. Wir liebten es, fremde Menschen und fremde Kulturen zu erkunden.“ Aber vor allem sei Anneliese eine „wunderbare Zuhörerin“, setzt sie fort. „Ich habe anlässlich dieses

Gesprächs wieder in unsere Briefe von damals hineingelesen. Einmal schrieb sie mir: ‚Dir aus der Stadt von Sigmund Freud zu schreiben, ohne dich zu analysieren: Ich wäre ein hoffnungsloser Fall'", amüsiert sich die Mutter eines Sohnes.

„Und ich konnte mich immer auf deine guten Ratschläge verlassen. Meistens ging es dabei um meinen Sohn Tim. Vor allem darum, wie ich ihn dazu bringen könnte, etwas zu tun oder besser, nicht zu tun. Wir fuhren quer durch die Slowakei, nicht unbedingt eine der schönsten Gegenden der Welt. Ich erklärte ihr meine Not, die ich als Mutter hatte. Er war aber durchaus schon erwachsen und ich wusste nicht, wie ich ihm etwas sagen oder raten konnte. Anneliese meinte, das müsse er selbst lernen. Und sagte, dass ich jedes Mal an ein Wort denken sollte, wenn mir ein Rat oder Kommentar auf der Zunge lag und ich nichts sagen sollte. Und ich dachte darüber nach und dann sah sie mich an und sagte: ‚*green tomatoes*'". „Grüne Tomaten", lacht Anneliese, die diese Szene sehr präsent hat und die mit Susan seitdem diesen Code nicht nur einmal anwandte. Nicht nur bei Susans Sohn, der ihr Taufkind und inzwischen erwachsen ist, sondern in vielen anderen Situationen, über die beide schon oft herzhaft lachten. Oft hätten sie eine eigene Sprache entwickelt, erzählt Anneliese in perfektem Englisch und wirft noch einmal, sichtlich genießend und lachend, ein langsames *Greeeeeeeen Tomatoes* in den Raum.

Humor war immer wichtig

Wer gab der anderen über die Jahrzehnte mehr Ratschläge? „Auch Susan gab mir immer Ratschläge", schmunzelt Anneliese, „aber die wollte ich zu 99 Prozent nicht hören", lacht sie und Susan mit ihr. „Susans *men problems* hatten allerdings eine ganz andere Quantität als meine. Ich war diesbezüglich eher langweilig. Aber *no details, please.*" „Du hast mich immer ermutigt, ich solle an mich glauben. Umgekehrt war das bei dir nie notwendig, du warst immer so fokussiert", ergänzt Susan. „*Keep on dreaming* – du hast mich mit Ratschlägen bombardiert", lacht Anneliese, was Susan ein „Allgemein schon" abringt, dem sie sofort „aber du warst immer klarer, was du wolltest" hinzufügt.

Auf jeden Fall war und ist Humor immer sehr wichtig in ihrer Freundschaft, darüber sind sich die beiden temperamentvollen Journalistinnen einig. „Susan ist seit 1970 Journalistin. Ich wollte immer schon für eine Zeitung arbeiten, und natürlich war unser beider Interesse für diesen Beruf immer ein wichtiges Thema, auch wenn ich mich der Politik und Susan sich dem Reisen und Geschichten über Menschen zuwandte", meint Anneliese auf die Frage, inwiefern ihre ähnliche Profession auch in ihrer Freundschaft eine Rolle spielte. „Ich war und bin immer an Annelieses Arbeit interessiert, obwohl ich leider kaum Deutsch kann. An unserer Freundschaft habe ich immer sehr geschätzt, dass sie echtes Interesse für meine Arbeit hatte. Aber ich muss sagen, dass mich vieles, was mir Anneliese über die aktuelle politische Situation in Österreich berichtet, verwirrt. Da komme ich nicht immer ganz mit", meint sie, nicht ohne einen gewissen Zynismus und Schalk im Gesicht. „Anneliese erzählte mir jedenfalls immer viel über eure Politik. Als es in Österreich diesen Jörg Haider gab und sie mir davon erzählte, verstand ich die rechten Bewegungen in Europa. Und wenn ich jetzt nach Polen, Ungarn oder mein geliebtes Italien schaue, kann ich besser begreifen, was dort politisch abgeht", freut sich die Neuseeländerin, die immer noch perfekt Italienisch spricht.

Holte sich die Weltenbummlerin Anneliese Reisetipps von ihrer Reisejournalistin-Freundin? „Susan hat Artikel über viele Orte geschrieben. Darunter auch ein Island-Reisebuch." Tipps hole sie sich von ihr aber „eher nicht". Außerdem hast du mir deine Bücher ja nicht geschickt", neckt sie Susan. „Als Susan in Wien war, unternahmen wir Beethoven-Hopping." „Das war deine Idee, das war großartig", unterbricht sie diese, „ich habe diese Story in verschiedenen Zeitungen veröffentlicht." „Aber siehst du, geschickt hast du mir das nie", lacht Anneliese. „Ein ganzer Tag Beethoven-Hopping, an zehn verschiedenen Orten, wo er in Wien Spuren hinterlassen hatte. Das war lustig!", erinnert Susan sich gerne. „Ach Bella, so viele schöne *friendship memories*", wird sie, die ihre Freundin immer wieder mit diesem Kosenamen anspricht, fast ein wenig sentimental. „Haha, als du am Tisch getanzt hast", unterbricht Anneliese lachend den Hauch von Nostalgie. „Oder wenn du auf einer Party eingeschlafen bist, weil du sie langweilig fandest. Also, da konnte ich sie nie wachhalten", erzählt sie. „Und als wir mit den Kids Skifahren waren. Meine Katharina acht und dein Tim zwölf Jahre alt, das war auch anstrengend und fordernd. Aber wir haben das geschafft!"

„Es waren so viele schöne Momente! Es ist gar nicht so lange her, und es war auch nicht spektakulär, aber ich erinnere mich besonders gerne, als wir in diesem typischen Londoner Park auf einer Bank saßen und redeten und redeten. Und ich habe so viele Bilder in meinem Kopf, wie oft wir miteinander gelacht haben. Auch in sehr ernsten Gesprächen gelingt es uns, die lustige Seite zu entdecken, und das ist so erfrischend. Da gibt es sicher ein gutes Beispiel, aber das fällt mir jetzt nicht ein." *„You´ve got a senior moment, Susan*!", fährt Anneliese lachend fort.

„Also wenn du mich nach speziellen Momenten unserer Freundschaft fragst, dann waren das immer Momente, in denen sich Susan so benahm, wie ich mich nie benehmen würde. Wir sind auch grundverschieden. Ich würde nie auf Tischen tanzen, Susan immer noch." *„I dance on the table for you!"*, blödelt diese sofort. „Wenn der Moment passt, würde ich das unbedingt wieder tun", erinnert sie sich mit großem Vergnügen an Annelieses Gesicht, als diese zu ihrem 70. Geburtstag von ihrer Tochter mit einem Fest überrascht wurde. Susan steckte mit ihr unter einer Decke, wusste also, dass es nicht stimmte, dass Annelieses Tochter die Suppe für das Geburtstagsessen misslungen war und Anneliese deshalb mit ihr und Susan in ein Restaurant fahren musste. Dort warteten Freunde und Familie, die Katharina für die Überraschungsparty zusammengetrommelt hatte.

„Ich weiß noch, wie ich im Auto saß und mir dachte: *Green tomatoes,* nur nichts sagen", lacht Susan immer noch, die sehr dankbar dafür ist, in ihrem Leben so gute Freundschaften wie mit Anneliese zu haben. „Freundschaft ist eines der besten Dinge des Lebens. Beziehungen sind meistens komplizierter als Freundschaften. Natürlich waren Liebesbeziehungen immer wichtig für mich, aber da haben sich meine Bedürfnisse mit den Jahren verändert. Ich bin jetzt nicht mehr so abhängig von Liebesgeschichten wie früher."

„Ich sehe das ähnlich: Freundschaften sind auf jeden Fall weniger kompliziert. Ich habe einige sehr lange Freundschaften, habe immer noch einige Schulfreundinnen. In unserer 50-jährigen Freundschaft mit Susan erinnere ich mich an kein Missverständnis, das dazu geführt hat, dass wir nicht mehr miteinander reden. Anders als in Beziehungen sind Freundschaften nicht mit Emotionen überladen. In meinem ganzen Leben habe ich eine Freundin verloren. Das kann ich von Männern nicht behaupten", meint sie mit einem schelmischen Lachen.

Wann werden die beiden einander also das nächste Mal wieder persönlich treffen? „Kommst du nach Wien? Oder heiratet dein Sohn? Dann komme ich natürlich", gibt Anneliese die Frage weiter. Vielleicht wäre die Präsentation meines Buchs, für das wir dieses Gespräch gerade geführt haben, ein guter Anlass – was beide Freundinnen sofort als „großartige Idee" bezeichnen. Nach allem, was sie über ihre großartige Freundschaft über Kontinente und Jahrzehnte hinweg erzählt haben, scheint das durchaus realistisch ...

Birgit Braunrath & Guido Tartarotti

MIT EISERNEM WILLEN

Nach einer Scheidung in Frieden auseinanderzugehen, ist ein Kunststück, das nicht viele Menschen schaffen. Viel zu oft verwandeln sich ehemalige Liebespartner in hasserfüllte Gegner, verbeißen sich in jahrelangen Rosenkriegen, auch wenn sie sich einst geschworen hatten, im Fall einer Trennung zumindest für die gemeinsamen Kinder zivilisiert miteinander umzugehen.

Kränkungen und Enttäuschungen verwandeln sich im Ernstfall aber leider oft in blanken Hass. Eine große Leistung also, wenn es gelingt, die eigenen Emotionen für das Weiterleben einer Familie in anderer Form hintanzustellen und nach einer Trennung zumindest als Eltern ein Team zu bleiben. Und fast so etwas wie ein Wunder, wenn aus ehemals Liebenden Freunde werden.

Solch ein Wunder haben die Journalisten Birgit Braunrath und Guido Tartarotti vollbracht. Wobei sie selbst bis zu meiner Anfrage, für dieses Buch mit mir über ihre Freundschaft zu reden, sich eigentlich nie die Frage gestellt hatten, ob sie Freunde geworden wären, wie sie mir zu Beginn unseres Gesprächs erzählen, das sie auch gleich in ihrer „Geschiedenenkolumne" im Frauenmagazin „Woman" verarbeiteten. „Wollen wir Freunde bleiben?", fragen sich die beiden darin, um am Ende zum Schluss zu kommen, dass sich über die Jahre tatsächlich eine Freundschaft „eingeschlichen habe".

„Ich wäre nicht auf die Idee gekommen, dass wir eine Freundschaft miteinander haben", meint Birgit Braunrath. „Das ist mir erst bewusst geworden, als deine Anfrage kam. Da kam ich ins Nachdenken und ja, es stimmt, wir sind inzwischen wirklich

Freunde geworden." „Für mich war das immer klar", kontert ihr Ex-Mann. „Für mich besteht Freundschaft in erster Linie aus Loyalität. Und Birgit war immer 100 Prozent loyal zu mir. In der Arbeit, aber auch im Leben. Ich sage immer, ich habe zwei beste Freundinnen: die Birgit und meine jeweilige Partnerin."

„Ich hingegen habe wirklich diese innigen Frauenfreundschaften. Ich liebe meine Freundinnen. Ich weiß, Männer haben solche Freundschaften seltener. Aber diese Cross-over-Idee, man hat jetzt auch noch eine Mann-Frau-Freundschaft dazu, dieser blöde Schmäh: Wollen wir beste Freunde sein? Also, da regt sich bei mir sofort ein innerer Widerstand. Aber ich habe die Qualität unseres Miteinanders nach deiner Anfrage abgeklopft und bin zu dem Schluss gekommen: Ja, es stimmt, wir sind Freunde geworden. Wichtig ist die Loyalität, dass man sich aufeinander verlassen kann und wir kennen uns ja in- und auswendig. Wobei meiner Meinung nach entscheidend ist, dass keiner von uns mehr etwas vom anderen will. Dass du fertig bist mit deiner ehemaligen Beziehung." „Ja, man darf nichts mehr voneinander wollen", stimmt ihr Guido Tartarotti zu, der aber im Detail einen anderen Zugang als seine Ex-Partnerin hat.

Für die Kinder zusammenhalten

Dreizehn Jahre lang waren die beiden ein Paar, neun Jahre davon verheiratet. Als sie sich trennten, war ihr Sohn drei Jahre alt, die Tochter ein kleines Baby. Dass ihre Eltern einmal ein Paar waren, könne sie gar nicht glauben, hätte sie einmal als Kind gesagt, weil sie doch so überhaupt nicht zusammenpassten, erzählen beide und schmunzeln darüber. Als Guido nach „einigen schwierigen Jahren" die Beziehung beendete, stellte das die junge Familie selbstverständlich vor große Herausforderungen und „ohne eisernen Willen, jegliche Form von Disput zu vermeiden", wäre auch ihre Geschichte ganz anders ausgegangen, ist Birgit überzeugt.

Vom Ehepaar zu Freunden und Bühnenpartnern

„Natürlich hatten auch wir Auseinandersetzungen, es gab auch bei uns Kränkungen, es gab Wut. Und wenn du mit einem Baby und einem Dreijährigen dasitzt und du bekommst aus deinem Freundeskreis lauter gut gemeinte Ratschläge und hörst, was du alles anstiften solltest, deinem Ex-Partner antun sollst, immer zu Gunsten deiner Kinder natürlich, dann musst du schon sehr stark sein, um diesem sozialen Druck zu widerstehen, um keinen Rosenkrieg anzuzetteln", erinnert sie sich an die erste Zeit nach der Trennung, die Guido anders erlebte.

„Ich bin der, der im Endeffekt die Beziehung beendete, insofern war für mich die Situation wahrscheinlich einfacher als für Birgit", meint er, „aber ich wusste immer, warum wir einmal zusammengekommen waren. Warum wir geheiratet hatten. Wir hatten uns in verschiedene Richtungen entwickelt und ab einem gewissen Punkt funktionierten wir nicht mehr als Paar. Aber all das, warum sie mir so gefallen hatte, sympathisch war, das war ja nicht weg! Dazu kommt, dass es keinen anderen Menschen gibt, der mich so gut kennt wie Birgit. Bis heute nicht! Deshalb brauchte ich keinen eisernen Willen. Für mich war immer klar, ich führe keinen Rosenkrieg. Das tue ich meinen Kindern nicht an, das ist unter meiner Würde. Aber wie gesagt, es war für mich wahrscheinlich einfacher als für sie damals."

Dass beide innerhalb kurzer Zeit wieder neue Partner hatten, würde von außen möglicherweise ein falsches Licht auf ihre Trennung werfen, meinen beide, die sich auch darüber einig sind, dass sie in ihrer Beziehung irgendwann „miteinander unglücklich" wurden. „Es war ja nicht so, dass er auf einmal weg war. Wir funktionierten nicht mehr als Paar. Und mein Zugang war dann: Es ist deshalb gut, dass wir uns getrennt haben, auch wenn das schrecklich ist. Ich stieg nie darauf ein, dass ich auf ihn böse sein muss. Das hätte eine Dynamik ergeben, aus der ich nicht mehr aussteigen hätte können", analysiert Birgit. Bei einigen Trennungen im gemeinsamen Freundeskreis hätten sie genau solche Dynamiken beobachtet, die in Rosenkriegen endeten, wo noch mehr als zehn Jahre nach der Scheidung zwei Menschen von blankem Hass aufeinander zerfressen seien. „Auf diese Art bleibt man mit dem Ex-Partner ja auch verbunden. Nicht in Freundschaft, sondern in Hassverbundenheit."

Beruflich immer ein Team geblieben

Dass sie auch nach ihrer Trennung weiterhin viel miteinander zu tun haben würden, lag in ihrem Fall aber nicht nur an den gemeinsamen Kindern, sondern auch an ihrem Beruf. „Wenn du dich beruflich schätzt, wirklich gut findest, was der andere macht, und in Überschneidungsbereichen auch zusammenarbeitest, kann man sich sozusagen auf neutralem Boden begegnen", erzählt Birgit über eine andere Ebene ihres Miteinanders die ihrer Meinung nach auch dazu beitrug, dass sich mit der Zeit diese Freundschaft zwischen Ex-Partnern entwickeln konnte.

„Wir waren beide immer beim ‚Kurier' und wir haben einander immer beruflich gepusht. Wir waren ein Journalisten-Paar, wie es mir aus heutiger Sicht fast komisch vorkommt. Wir haben diesen Journalismus wirklich geatmet, wirklich gelebt. Das ist heute anders. Wir saßen zu Hause über Stapeln ausländischer Zeitungen, lasen uns gegenseitig vor, machten Notizen, diskutierten Ideen, was wir daraus für unsere eigenen Geschichten lernen konnten. Unsere Texte gaben wir uns immer gegenseitig zum Lesen. Das hörte auch nach unserer Trennung nicht auf. Wenn ich in der Redaktion sitze und eine Kolumne fertig geschrieben habe, dann schicke ich sie Birgit und fordere ihr Feedback ein", erzählt der mehrfach als „Kolumnist des Jahres" Ausgezeichnete.

Bei allem Willen und Grundkonsens zu einem friedlichen Miteinander stellten sie als Eltern aber ihre unterschiedlichen Ansichten über Erziehung immer wieder auf die Probe. „So richtig fertig mit dem emotionalen Teil unserer Beziehung waren wir, glaube ich, aber erst, als unsere Kinder erwachsen waren. Damit sind unsere Streitpunkte weggefallen", meint Birgit und Guido pflichtet ihr bei: „Wir hatten wirklich immer unterschiedliche Ansichten über Erziehung. Birgit ist für eine sehr liberale Erziehung, ich bin da strenger. Ihrer Meinung nach geht alles mit Liebe, ich sagte ihr immer: ‚Nein, Kinder brauchen auch Grenzen.' Und während wir zehn Jahre darüber stritten, haben sie sich eigentlich eh selbst erzogen und wurden zu solchen Prachtmenschen, dass es nun wirklich egal ist, wer von uns nun recht hatte, weil es gutgegangen ist", freut er sich.

Ein weiterer Schritt in Richtung Freundschaft sei möglicherweise auch die Familientherapie gewesen, zu der sie sich entschlossen, als ihre Tochter krank war und ihnen dazu geraten wurde. Obwohl er „zu Therapien nur ginge, wenn man ihm einen geladenen Revolver an den Kopf hielte", sei er natürlich zu allem bereit gewesen, um seiner Tochter zu helfen, erzählt Tartarotti. Der Sohn sei völlig desinteressiert gewesen, die Tochter hätte nach ein paar Sitzungen gemeint, sie sei „damit jetzt fertig", also blieben er und seine Ex-Frau übrig. Und nützten die noch verbliebenen Termine. „Und da konnte ich Birgit das erste Mal sagen, dass ich nicht leichtfertig aus unserer Ehe gegangen war. Dass es mich unheimlich wurmte und schmerzte, dass unsere Ehe nicht mehr funktionierte, dass ich gern mit ihr verheiratet war, dass ich unser gemeinsames Leben gernhatte. Ich glaube, das war für dich wichtig, das einmal von mir zu hören", blickt er fragend zu Birgit, die das nickend bestätigt.

„Wir wären nie aus freien Stücken in einer Familientherapie gelandet, das hat uns das Leben auferlegt" und so hätte sich ihre neue freundschaftliche Verbundenheit über die Jahre Stück für Stück aufgebaut, meint sie. „Für mich bedeutet Freundschaft eine Verbindung, die nichts damit zu tun hat, wie oft man sich sieht, wie weit der oder die andere entfernt ist oder welchen Standpunkt er oder sie vertritt", fährt sie fort, „ganz stark habe ich das während der Pandemie gemerkt. Ich habe sehr enge, innige Freundinnen, deren Zugang zur Pandemie ich überhaupt nicht verstehe und auch nicht teile." „Eine Impfgegnerin?", fragt Guido nach. „Ja, und noch dazu ist sie Ärztin. Sie eckt mit ihrer Einstellung auch überall an und sagt, sie werde immer unbequemer für ihre Freundinnen. Für mich nicht. Ich kann nachvollziehen, was sie antreibt, auch wenn mich etwas völlig anderes antreibt. Trotzdem kann ich mit ihr verbunden bleiben, auf einer anderen Ebene. Für mich definiert sich Freundschaft nicht über Zeit, Raum oder Weltanschauung", ist sie sich sicher, räumt aber ein, dass sie sich wohl nie mit jemandem befreunden würde, der eine Gallionsfigur bei den Identitären ist.

Entwickle eine Freundin plötzlich ganz andere Ideen, sei das etwas anderes, weil sie sich ja schon mit dieser verbunden fühle. „Ich habe so etwas in meinem Freundeskreis nicht erlebt. Wobei mein Freundeskreis kleiner ist, weil ich ja nicht so gesellig bin wie Birgit. Also keiner meiner Freunde ist in der Pandemie abgedriftet, wurde Impfgegner oder Verschwörungstheoretiker", ergänzt Tartarotti. „Aber ich habe das von Leuten gehört, die sich in dieser Ausnahmesituation von heute auf morgen völlig ausgeklinkt haben. Ich kann nur spekulieren, aber ich glaube, ich könnte das in einer Freundschaft nicht aushalten", meint er und erzählt, dass er ein ganz anderes Problem mit Freundschaften habe, mit Männern nämlich. „Ich finde Gespräche mit Frauen generell viel interessanter als mit Männern. Ich weiß, das ist ein Klischee, aber Männer tendieren dazu, immer das Gleiche zu reden und das langweilt mich entsetzlich. Die meisten Männer reden gerne über Autos, da schlafe ich ein", lacht er. „Ich habe null Bezug zu Technik. Werkzeuge, Segelboote, Griller, dafür interessiere ich mich Nüsse. Man glaubt immer, dass Männer miteinander über Sex sprechen, aber das tun wir ja gar nicht. Das ist uns viel zu intim. Ich habe viele Abende und Nächte versucht, in Männerrunden eine gute Zeit zu haben. Aber es war immer langweilig für mich und immer nur mit Alkohol auszuhalten. Ich kann mit Frauen so viel besser reden, man kann mit Frauen viel differenzierter über alles diskutieren." Pauschalieren solle man das natürlich nicht, meint Birgit, allerdings seien ihre Gespräche mit ihren Freundinnen sicherlich wesentlich tiefergehend als die von Guido eben geschilderten Männergespräche. Und an wen wenden sich die beiden, wenn sie ein Problem quält? „Mit einem wirklichen Problem, sei es beruflich, sei es eine Krise in meiner Beziehung, sei es gesundheitlich: Als erstes gehe ich damit zu Birgit", antwortet Guido, ohne darüber eine Sekunde nachzudenken. „Für mich ist Guido wahrscheinlich nicht der erste Ansprechpartner, aber vielleicht mein Dritter. Gerade am Weg hierher habe ich mit ihm eine große berufliche Frage besprochen, über die ich vorher nur mit zwei ganz engen Freundinnen geredet hatte", erzählt seine Ex-Frau und Freundin.

Neue Partner eingebunden

Und wie gehen ihre jeweiligen Lebenspartner mit so viel Vertrautheit zwischen den beiden um, gab es da nie Eifersucht? „Meine jetzige Freundin ist überhaupt nicht eifersüchtig. Im Gegenteil, sie hat sich so gut mit Birgit befreundet, dass ich fast den Eindruck habe, sie würde mit Birgit befreundet bleiben, auch wenn wir uns einmal trennen sollten. Erst unlängst meinte ich zu Katrin, dass Birgit meine beste Freundin sei, und sie fand das super. Meine frühere Partnerin, mit der ich 13 Jahre liiert war, konnte nicht so wahnsinnig gut mit meiner Ex-Frau", erzählt Guido, „Birgits Partner, mit dem sie seit knapp nach unserer Trennung zusammen ist, kannte ich schon vor ihr, war mit ihm befreundet, er ist ein unglaublich reizender Mensch. Ich habe ihn gern, bin null eifersüchtig. Im Spaß stelle ich ihn im Bekanntenkreis manchmal vor mit: ‚Das ist Georg, der Vater meiner Kinder'", lacht er. „Das geht alles so gut, wenn man miteinander fertig ist. Im Hass wie in der Liebe. Wir spielen ja seit einiger Zeit Kabarett miteinander und da hole ich Guido immer ab und wir fahren gemeinsam zu unseren Auftritten. Das war in meiner Beziehung nie ein Thema. Es ist einfach wie Familie", freut sie sich über das harmonische Miteinander ihrer Patchwork-Konstellation.

Der gemeinsame Humor, die gemeinsam über die Jahre entwickelten Wortspielereien, in denen sich Birgit und Guido in einer einzigartigen Vertrautheit finden, könnte für die anderen Familienmitglieder vielleicht hin und wieder eine Herausforderung darstellen, meinen beide, aber das liege nun auch einmal daran, dass sie seit so vielen Jahren gemeinsam arbeiteten und darum könnten die anderen auch gut damit umgehen. Dass sie ihre private Situation fünf Jahre lang auch in einer Kolumne im Frauenmagazin „Woman" beschrieben, war ursprünglich gar nicht ihre eigene Idee, sondern entstand in einem Brainstorming mit „Woman"-Herausgeberin Euke Frank, erzählen sie: „Euke fragte mich, ob ich nicht etwas für ‚Woman' schreiben könnte und so entwickelten wir diese Idee.

Es gibt so viele Paarkolumnen. Hufnagl–Kuhn ist wohl die bekannteste. Aber es gab keine einzige Geschiedenen-Kolumne, ich glaube, es gab auf der ganzen Welt keine. Und das hat mich sofort journalistisch gereizt. Ich hatte aber auch gleich Lust dazu, das mit Birgit zu schreiben und sie auch."

Bei der „Langen Nacht der Kolumnist:innen" im Rabenhof-Theater lasen sie erstmals vor Publikum daraus und ernteten viel Applaus und Lacher. Auch vom anwesenden Kabarettisten Florian Scheuba, der sie dazu ermutigte, aus ihrer Kolumne ein Kabarett zu machen. Gemeinsam ein Kabarett zu schreiben – eine neue berufliche wie persönliche Herausforderung, die beide mit Freude sofort angingen. „Ich dachte mir, da lerne ich auch ganz viel über mich selbst und ich habe es nie bereut. Es ist wahnsinnig spannend und ich habe das sehr gerne", meint Tartarotti, in dessen Wikipedia-Eintrag neben Journalist und Kolumnist auch

Kabarettist als Beruf zu lesen ist. „Ja, das Proben für unser Programm ist sehr lustig, aber zum Teil auch sehr emotional", meint seine Bühnenpartnerin, die weiters erzählt, dass sie dabei auch ins Streiten gekommen seien, aber nie zerstörerisch, sondern „auf einer respektvollen, künstlerischen Ebene", wie Guido ergänzend meint.

Und wie viel davon, was sie in ihren Kolumnen schreiben oder auf der Kabarettbühne erzählen, entspricht der Wirklichkeit? „Das ist zu 95 Prozent echt, also was mich betrifft und ich glaube, ich kann das auch für Birgit sagen. Fünf Prozent werden wegen des satirischen Wertes verändert, zugespitzt oder vielleicht auch erfunden", lacht er. Wie sich Trennung anfühlt und wie man trotzdem befreundet bleiben kann als Unterhaltungsprogramm, eine ungewöhnliche Show, mit der die beiden seit Jahren durchs Land tingeln und wer weiß, vielleicht die eine oder den anderen zu einem ebenso humor- wie liebevollen Umgang mit dem Ex-Partner animiert haben. Und was sagen eigentlich ihre beiden Kinder dazu? Sind sie stolz darauf, dass ihre geschiedenen Eltern miteinander befreundet sind? „Nein", meint ihre Mutter. „Ich glaube schon", der Vater. „Also ich glaube schon, dass ihnen das sehr taugt. Unser Sohn hat als kleines Kind sehr unter unserer Trennung gelitten. Das ist das große schlechte Gewissen, das ich mit mir herumtrage", meint er nachdenklich, „Also unsere Kinder sind jetzt Anfang 20, ob sie wirklich stolz sind, weiß ich natürlich nicht. Aber ich habe den Eindruck, dass sie das sehr schätzen." „Sie haben eigentlich immer eingefordert, dass wir nett zueinander sind, und vor allem, dass wir nicht vor ihnen über den anderen schimpfen. Ja, das wurde eingefordert. Nicht gelobt oder für toll befunden. Sondern: Wir verlangen das von euch für unsere seelische Gesundheit", sieht das Birgit Braunrath etwas pragmatischer als ihr Ex-Mann, wobei sie sich genauso wie er darüber freut und wohl auch ein bisschen stolz ist, dass die beiden das Wunder von Ex-Partnern zu Freunden zu werden, wirklich geschafft haben.

Paul Sevelda & Ursula Denison

FREUNDSCHAFT HAT KEINEN JAHRESTAG

Wenn man Dr. Paul Sevelda als Patientin oder Angehörige einer Patientin begegnet, dann geht es dabei oft um Leben, aber auch um Tod. Ich erlebte beides mit ihm. Das wahrscheinlich schmerzlichste Gespräch meines Lebens genauso wie etwa ein Jahr später die schönste Nachricht meines Lebens. Auch wenn es nun schon fast 20 Jahre zurückliegt, kann ich mich auch körperlich an diesen mit Angst erfüllten Termin bei einem mir damals völlig unbekannten Arzt im Krankenhaus Hietzing erinnern, der mit meiner Mutter und mir ihre Diagnose besprechen wollte. Wir gingen einen schier endlosen Gang entlang, bis er uns bat, an seinem Schreibtisch Platz zu nehmen, wo er meiner Mutter und auch mir mit großer Ruhe, großem Ernst, aber auch einer unglaublichen Empathie ihre leider hoffnungslose Krebsdiagnose erläuterte.

Auch wenn meine Mutter und ich schon geahnt hatten, dass Dr. Sevelda keine guten Nachrichten für sie und mich hatte, in dieser Klarheit waren seine Worte natürlich ein Schock. Aber auf eine ganz eigenartige Weise war es auch ein gutes, ja fast befreiendes Gespräch nach Wochen des Herumirrens zwischen unterschiedlichen Ärzten und mitunter wirklich ungutem, ja fast unmenschlichem Umgang mit meiner Mutter. Auch wenn es furchtbar war, endlich sagte ein Arzt, was wirklich Sache war, und gab ihr und damit auch mir trotz der schlimmen Diagnose auch etwas Schönes mit auf den Weg. Keine falsche Hoffnung, dass dieser Krebs geheilt werden könnte, aber hoffnungsvolle

Perspektiven auf eine trotzdem auch gute Zeit, die vor uns liegen sollte – und das alles mit einer unglaublichen Menschlichkeit.

Endlich fühlte sich meine Mutter nicht mehr als irgendeine Patientin, die routinemäßig abgehandelt wurde, fast wie eine Nummer, nein, hier war ein Arzt mit Leib und Seele am Werk, das war sofort zu spüren. Und so blieben diese Gespräche, die manchmal hoffnungsvoller waren und am Ende nur mehr tröstend, aber oft habe ich meine Mutter dabei auch lachen gesehen. Und als es dann wirklich schwierig wurde, auch für mich als ihre einzige Tochter, fand ich bei Dr. Sevelda und seinem Team immer eine Ansprechpartnerin, oft war das Dr. Ursula Denison.

Genau in diese Zeit fiel dann auch mein anderes Gespräch mit Dr. Sevelda, der mir eröffnete, dass ich schwanger war. Eine riesige Freude auch für meine Mutter, dass sie noch erleben konnte, Oma zu werden und dass dann ihr Arzt meine Tochter auf die Welt brachte und sie einmal nicht als Patientin, sondern als strahlende frischgebackene Oma ins Krankenhaus Hietzing marschierte, um ihre Enkelin zu begrüßen. Das war auch auf der ganzen Gynäkologie-Station etwas Besonderes. Und es war der Beginn einer schönen Freundschaft. Mit Pauli, wie er sich privat nennt, und seiner ganzen Familie.

Als ich mich entschlossen hatte, ein Buch über Freundschaft zu schreiben, war mir sofort klar, dass ich ihn unbedingt dabeihaben wollte. Er sagte auch sofort zu und begann zu überlegen, mit welchem Freund oder welcher Freundin er gerne porträtiert werden würde. „Mir sind drei Menschen eingefallen, die mir so enge Freunde sind, dass es stimmig ist, über meine Freundschaft zu erzählen“, rief mich Pauli einige Tage nach meiner ersten Anfrage zurück, „zwei sind meine langjährigsten Freunde, mit denen bin ich in die Schule gegangen. Wir verbrachten unsere Kindheit gemeinsam, das hat schon eine ganz spezielle Qualität. Aber natürlich ist mir auch sofort Uschi Denison eingefallen und ich habe mich entschieden, sie zu fragen, ob sie für dieses Buch mit mir

Seit vielen Jahren nicht nur beruflich ein eingespieltes Team

über unsere Freundschaft erzählen möchte, weil wir in den letzten 20 Jahren sehr viel Zeit miteinander verbracht haben."

„Gleich von Beginn an, seit Ende der 1980er-Jahre, als wir einander kennenlernten und der Grundstein unserer Freundschaft gelegt wurde", begründete der Präsident der Österreichischen Krebshilfe, warum er gerne über diese Freundschaft erzählen würde. Auch seine langjährige Kollegin, die Gynäkologin Ursula Denison, war sofort von der Idee angetan. „Wenn man Menschen begegnet, dann gibt es mit manchen sofort eine Wellenlänge, mit anderen gar nicht. Der Pauli war jemand, der sofort auf meiner Wellenlänge war. Er war lustig, immer fröhlich, aber auch zielorientiert und genau so wie ich sehr an Wissenschaft interessiert. Und wir haben – das darf jetzt nicht missverstanden werden – von Beginn an viele Nächte miteinander verbracht", lacht sie und erklärt, dass sie damit natürlich die vielen Nachtdienste im Krankenhaus oder im Labor meint. „Oft saßen wir bis nach Mitternacht und klopften Daten in den Computer. Und natürlich beginnt man da auch, sich privat auszutauschen. Pauli nahm mich dann auch bald schon auf den ersten Kongress mit, also er nahm mich nicht wirklich mit, sondern er motivierte mich, dorthin zu fahren und er begleitete mich. Ich war damals neu in dieser Wissenschaftsgesellschaft und er war an meiner Seite auch ein bisschen ein Schutz für mich", erinnert sie sich.

Gemeinsame Leidenschaft für die Wissenschaft

Die beiden Ärzte und Wissenschaftler begegneten sich 1988 über einen gemeinsamen Freund. Zu einer Zeit, als Ursula Denison nach ihrem Medizinstudium, wie damals alle jungen Medizinerinnen und Mediziner, lange auf ihren Ausbildungsplatz zur Fachärztin warten musste und von Sevelda erfuhr, dass er an einer onkologischen Ambulanz tätig war und sie sich das doch einmal anschauen solle. „Die onkologische Ambulanz der 1. Frauenklinik des AKH war gerade im Aufbau, ich hatte zuvor noch nie etwas mit Onkologie zu tun gehabt und fand alles, was dort passierte, sehr spannend. Ich entschloss mich schnell, bei Pauli mitzuarbeiten, auch wenn es unentgeltlich war. Ich lernte wahnsinnig viel", erinnert sich die Gynäkologin, die auch ausgebildete Notärztin ist. „Jeden Vormittag saßen wir dort zusammen, weil Pauli das alles aufbaute und sich bis ins kleinste Detail einbrachte. Oh, da haben wir auch viel Kaffee miteinander getrunken! Diese Ambulanz bauten wir unter der Leitung unseres gemeinsamen Freundes Dr. Heinrich Salzer auf. Untergebracht war sie im Keller der 1. Frauenklinik, eigentlich im letzten Rattenloch", schildert Denison. „Alles mussten wir selber machen, inklusive Chemotherapien aufziehen. Obwohl ich viel unerfahrener war als Pauli, spürte ich von Anfang an sein großes Vertrauen in mich. Natürlich gab es formal eine hierarchische Ebene zwischen uns, aber ich spürte diese nie. Sein Vertrauen in mich – das war sicherlich auch ein Grundstein für unsere sich entwickelnde Freundschaft."

„Für mich war sofort erkennbar, dass Uschi, wenn sie etwas wollte, sich dafür sofort das nötige Wissen aneignete. Liebevoll würde ich sie als kleine Streberin bezeichnen", scherzt Sevelda. „Aber das war die Grundvoraussetzung, damit ich ihr auch heikle Dinge anvertrauen konnte. Wir waren in unserer Forschung damals wirklich am Anfang, wussten nicht genau, wie sich Dinge entwickelten. Sich selbst richtig einschätzen zu können ist in der Medizin sehr wichtig und ich spürte gleich, dass Uschi das konnte", meint er. „Sie kannte immer ihre Grenzen und es war großartig, ihr Aufgaben zu übertragen, weil ich wusste: Das, was sie kann, wird sie gut, sehr gut machen. Und wenn sie etwas nicht kann, dann wird sie sich melden."

Dieses Sich-aufeinander-verlassen-Können sei auch eine essenzielle Dimension von Freundschaft, meinen beide. „Daraus, so sehe ich das, hat sich unsere Freundschaft entwickelt. Zu wissen, dass es da jemanden gibt, der genauso für eine Sache brennt und sich hineinkniet mit all seinen, also ihren Qualitäten."

Zusammenhalten sei für sie ein wichtiges Gefühl in diesem Zusammenhang, ergänzt Denison. „Aber natürlich war von Anfang an ein persönliches und nicht nur ein wissenschaftliches Interesse vorhanden. Eine solch gute Zusammenarbeit könnte ja auch in den Vortragssälen enden, aber wir gingen dann bald auch gemeinsam Schifahren, also Pauli nahm mich mit."

Freundschaft zwischen Frau und Mann

Und selbstverständlich kennt Uschi Denison auch Paulis Frau, die lustigerweise auch Uschi heißt, de facto so lange wie ihn selbst, und natürlich kennt sie auch seine Kinder und Enkelkinder. Und um ja keine Missverständnisse aufkommen zu lassen, würde sie nie sagen: „Das ist mein Freund Pauli." Sondern: „Das ist Pauli, uns verbindet eine langjährige Freundschaft", erläutert sie. „Die Gesellschaft verfällt bei einer Mann-Frau-Freundschaft sofort in den Interpretationsmodus. Attraktiver Mann und attraktive Frau, also da gibt es doch sicher mehr ... Diese Gerüchte empfinde ich als wirklich klischeehaft und schenke ihnen sicher kein Ohr", ärgert sich die Ärztin, die in der Österreichischen Krebshilfe derzeit als Vizepräsidentin auch Stellvertreterin von Präsident Sevelda ist. Es gibt sie also offensichtlich doch, die ausschließliche Freundschaft zwischen Frauen und Männern, ohne jegliche Hintergedanken, die bei solch einer Konstellation oft schnell unterstellt wird. Inwiefern ist sie anders? „Was uns beide betrifft, sehe ich da eigentlich keinen Unterschied zu meinen Freundschaften mit Männern. Außer vielleicht, dass spezielle Themen wie körperliche Fragen oder etwaige Probleme in der Partnerschaft in unserer Freundschaft so gut wie keine Rolle spielen. Jeder von uns hat seinen persönlichen Bereich, in den der oder die andere nicht eindringt, außer man wird gefragt", meint Sevelda, der diesbezüglich sehr ähnlich tickt wie seine langjährige Freundin und Kollegin.

„An sich bin ich schon ein offener Mensch, aber es gibt einen ganz inneren Bereich, über den ich mit niemandem spreche. Auch nicht mit Freundinnen. Ich habe zwei sehr enge Freundinnen, aber mit denen würde ich mich jetzt nicht über Wechselbeschwerden unterhalten, obwohl wir Frauen sind. Ich weiß durch meinen Beruf, wie unterschiedlich das für jede ist, und was bringt es dann, sich da viel auszutauschen? Wenn sie meinen Rat möchten, dann natürlich immer. Das frage ich sie dann auch so direkt: Willst du einen Rat oder willst du einfach nur etwas loswerden? Wenn es Letzteres ist, dann erzähl mir, ich nehme mir ein Glas Sekt und höre dir gerne zu", lacht Denison. Ihr selbst sei dieser Austausch um des Austauschs willen aber kein Bedürfnis.

„Wie sehr und auf welche Art man sich in Freundschaften austauscht, hängt von der jeweiligen Persönlichkeit ab", ergänzt Sevelda, der in der Zeit, als seine Kollegin und Freundin ihre Scheidung durchlebte, sehr wohl eine wichtige Stütze für sie war. „Stimmt. In dieser Zeit war ich nicht so entspannt wie sonst in der Arbeit. Und auch wenn aus meiner Ehe inzwischen eine Freundschaft geworden ist, in der Zeit der Scheidung war es doch recht schwierig. Und ich erinnere mich noch genau, als mein Scheidungstermin verschoben wurde, ich weiß noch genau, wo wir standen, nämlich im Sozialraum der Station A. Paulis ‚Hey, es wird wieder gut' hat mich damals gut aus meiner Anspannung geholt", erinnert sich Denison. „Über die genauen Gründe meiner Scheidung habe ich nie mit Pauli gesprochen, aber sein Verständnis für meine damalige Situation war sehr wichtig für mich. Er war eine wichtige Anlaufstelle." Und umgekehrt? „Was meinst du, ich bin nicht geschieden", scherzt Pauli.

Miteinander lachen, aber auch miteinander weinen

„Natürlich ist Uschi (Denison, Anm.) immer wieder auch eine Stütze für mich gewesen, bei schwierigen Operationen zum Beispiel. Nach unserer gemeinsamen Zeit an der onkologischen Ambulanz führte sie ihre Karriere über das Wilhelminenspital schließlich auch an das KH Hietzing, wo sie viele Jahre auch meine Stellvertreterin war. Und wenn es mir sehr naheging, wenn eine Patientin starb, fand ich immer auch Trost bei ihr. Besonders schlimm war das, als die Chefin unseres OP-Teams an Eierstockkrebs erkrankte und sich vertrauensvoll an uns wandte, ob wir ihre Behandlung übernehmen könnten. Das war eine sehr belastende Situation für die gesamte Station, und andererseits auch wieder etwas Gutes, weil wir das gemeinsam meisterten. Ich erinnere mich noch genau an das Gespräch, das ich auf ihren Wunsch mit der gesamten Familie führte, inklusive ihrer damals 85-jährigen Mutter. Die Familie wusste, wie schlimm es um sie stand, aber ich musste es aussprechen, klarmachen, mit ihrer Mutter, ihrem Mann und ihrer Tochter reden. Das war nicht leicht.

Uschi hatte dann Wochenenddienst und ich erinnere mich an das Foto, das sie mir von unserer Kollegin schickte." „Ja, ich hatte Visite", erzählt Denison, „es war ein wunderschöner, sonniger Tag. Und ich fragte sie: ‚Romana, gehen wir einmal hinaus?' Sie freute sich und so fuhren wir mithilfe der OP-Gehilfen in ihrem Bett, mit ihrer Sauerstoffflasche hinaus in den Garten, zum Brunnen, und sie konnte dort die Sonnenstrahlen genießen. Das sind schon unglaublich berührende Momente. Es war eine ungewöhnliche Aktion mit einer Sterbenden, aber ich wusste, dass es im Sinne von Pauli war und dass alle Kolleginnen und Kollegen unserer Station das unterstützten", erzählt sie mit Tränen in den Augen. Schwierig, bei solchen Erzählungen nicht selbst eine Träne zu zerdrücken. „Wir können miteinander lachen, aber wir können auch miteinander weinen", bringt uns Pauli wieder aus unserer Rührung. „Und so können wir einfach besser mit vielen schwierigen Situationen, die unser Beruf einfach mit sich bringt, umgehen."

Als Onkologen und Präsident beziehungsweise Vizepräsidentin der Krebshilfe sind beide naturgemäß oft mit dem Tod konfrontiert. „Der Umgang mit schwerkranken und sterbenden Menschen ist etwas, womit die allermeisten Menschen nicht oft konfrontiert sind und womit die meisten, völlig verständlich, überfordert sind", so Sevelda. „Man benötigt für unseren Beruf einen klar definierten Zugang. Meiner war und ist immer Ehrlichkeit, Offenheit und noch einmal Ehrlichkeit. Da ticken wir beide sehr ähnlich. Natürlich sind wir Menschen so gebaut, dass es uns angenehmer ist, in schwierigen Situationen ausweichend zu agieren, aber wir haben gegen dieses eigene Gefühl immer angekämpft und sehr bewusst und offensiv auf diese Offenheit und Ehrlichkeit gegenüber den Patientinnen gesetzt. Das sehe ich heute auch als wesentlichen Fortschritt in der Behandlung von Krebspatienten", sagt Sevelda.

„Natürlich gibt es in der Onkologie unterschiedliche Ansätze", setzt Denison fort, „es gibt auch Ärztinnen und Ärzte, die kein Ende mit Therapien finden, auch wenn klar ist, dass die Patientinnen und Patienten nicht mehr lange leben können. Ich persönlich war immer sehr gerne dabei, wenn Pauli mit Patientinnen sprach. Für mich war das wie ein Aufsaugen von Informationen: Wie geht er mit diesen Patientinnen um, welche Wörter verwendet er, und und und. Nicht um den heißen Brei herumzureden und die Patientinnen in das Gespräch zu integrieren, diesbezüglich habe ich sehr, sehr viel von Pauli gelernt. Und wenn es einer Patientin schlechtging und mich das natürlich auch sehr berührte, dann bin ich nicht nur einmal zu Pauli und habe ihm davon erzählt. Sein Angebot, miteinander traurig zu sein, sein Verstehen der Situation, das hat mich oft aufgefangen. Solche Situationen gehören eben auch zum Leben dazu. Und es geht auch immer wieder weiter."

Gerüchte gab es oft

Ein eingeschworenes Team, zwei Top-Ärzte, ein Mann und eine Frau und dann auch noch beide fesch und privat befreundet. Gab es da nie Eifersucht, nie Neid, nie böse Gerüchte im eigenen Team? „Neid wäre mir nicht aufgefallen", antwortet Denison. „Würde mir jetzt auch nicht einfallen", meint Sevelda, der 2020 als Vorstand der Gynäkologie des Krankenhauses Hietzing in Pension gegangen ist. „Ich glaube nicht, dass es auf der Station das Gefühl gab, dass ich irgendjemanden aushorchte und dann zum Chef ginge, um ihm alles zu erzählen. Ich glaube, das zu vermeiden ist mir ziemlich gut gelungen", ergänzt seine ehemalige und langjährige Stellvertreterin.

Mit Gerüchten, ob die beiden nun etwas miteinander gehabt hätten, sei sie aber schon des Öfteren konfrontiert worden. „Die fahren gemeinsam auf Kongresse, wahrscheinlich teilen sie sich auch das Zimmer", ärgerte sie sich über Sätze, die schon immer wieder herumschwirrten. „Mich verblüfft das schon, wie rasch zumindest ein paar Menschen denken, man sei ein Paar oder hätte eine Affäre miteinander, sobald eine Frau und ein Mann irgendwo länger nebeneinanderstehen."

„Mich haben diese Gerüchte, ehrlich gestanden, nie interessiert. Und meine Frau Uschi ist zum Glück auch kein eifersüchtiger Mensch, das sind wir beide nicht. An diesen Spielchen, wer mit wem und wieso und warum, habe ich mich nie beteiligt", fügt Sevelda hinzu. „Aber ich glaube schon, dass wir eine Ausnahme sind und dass viele so eng zusammenarbeitende Menschen auch im privaten Bereich in eine Beziehung hineinrutschen. Ich bin da wahrscheinlich aber auch ein wenig naiv. Ich brauche Jahrzehnte, bis ich bemerke, dass irgendwer mit irgendwem eine heimliche Beziehung hat", lacht der Gynäkologe.

Eine Situation fällt in diesem Zusammenhang beiden ein, wo ausgerechnet Paul Seveldas Schwägerin, die Frau seines ältesten Bruders, Uschi Denison und Pauli Sevelda beim gemeinsamen

Joggen im Prater sah. „Für meine Schwägerin ist eine platonische Freundschaft zwischen Mann und Frau unvorstellbar. Abgesehen davon, dass sie nie joggen ginge", lacht Sevelda. „Das kam ihr dann schon sehr komisch vor, dass ich mit der ‚falschen' Uschi laufen war."

Wer ist sportlicher?

Anfang der 2000er-Jahre brachte seine Freundin-Kollegin den immer sehr sportlichen Arzt zum Laufen. „Pauli nahm damals durch das Laufen ab, ziemlich viel. Und schon gab es wieder ein Thema: Der hat abgenommen, der hat sicher eine Freundin, hieß es dann", erzählt Denison merklich genervt. Als Mann und Frau einfach nur befreundet zu sein, ist vielen Menschen offenbar immer noch suspekt. Doch davon ließen sich die beiden Ärzte nie in ihrer Freundschaft beirren. Wer so lange zusammenarbeitet, kennt sich mitunter besser als alle anderen. „In Wahrheit habe ich mit Uschi Denison wahrscheinlich mehr Zeit verbracht als mit jedem einzelnen Mitglied meiner Familie", resümiert Sevelda, der schätzt, dass die Arbeit vor seiner Pensionierung an der Klinik mindestens 70 Prozent seiner Lebenskapazität, wie er es selbst formuliert, eingenommen hatte.

Neben seinem Fulltime-Job als Vorstand/Primarius der Abteilung für Gynäkologie und Geburtshilfe, den Sevelda bis 2020 ausübte, fungiert der vierfache Familienvater seit dem Jahr 2000 als Präsident der österreichischen Krebshilfe und ist Leiter des 2006 gegründeten Karl-Landsteiner-Instituts für Gynäkologische Onkologie und Senologie. Der Krebsspezialist war zudem federführend daran beteiligt, dass Jugendliche in Österreich gratis gegen HPV geimpft werden können. Im Februar 2018 brachte er gemeinsam mit dem damaligen Ärztekammerpräsidenten Thomas Szekeres das Volksbegehren „Don't Smoke" für das in Österreich jahrelang umstrittene Rauchverbot in der Gastronomie ein, das dazu führte, dass das Rauchen in Lokalen schlussendlich verboten wurde.

Neben seiner ärztlichen und wissenschaftlichen Tätigkeit ist Sevelda nämlich auch ein hochpolitischer, aber nicht parteipolitisch engagierter Mensch. Bei all seinen Tätigkeitsfeldern setzt er auf ein bewährtes Team, auf oft jahrzehntelange Zusammenarbeit. Ursula Denison ist sowohl bei der Krebshilfe als auch im Karl-Landsteiner-Institut seine Stellvertreterin.

„Ich kenne Pauli wirklich sehr gut nach all den Jahren enger Zusammenarbeit und Freundschaft. Wenn er bei der Türe hereinkommt, weiß ich, wie es ihm geht", erzählt diese und freut sich darüber, dass sie neben ihrer Arbeit und ihren Familien immer auch Zeit für gemeinsame Freizeitaktivitäten fanden und finden. „Ich habe zum Beispiel unsere Reisen zum Helikopterschifahren in Kanada sehr genossen. Ich wollte das immer schon einmal ausprobieren, aber hätte mich Uschi nicht dazu aufgefordert, einfach mitzukommen, wer weiß, ob ich dieses Abenteuer je erlebt hätte. Auch hätte ich nie von mir aus begonnen, regelmäßig zu joggen. Da musste sie harte Überzeugungsarbeit leisten. Ich wog in dieser Zeit jenseits der 90 Kilo, machte gar keinen Sport und hätte sie mich nicht einfach von zu Hause abgeholt und gesagt: ‚Wir laufen jetzt', ich glaube eher nicht, dass ich mich dazu aufgerafft hätte." „Na, das klingt jetzt so unsportlich, mehr als 90 Kilo und kein Sport. Kaum hatten wir zu laufen begonnen, war ich aber froh, dass du zu reden begonnen hast, und ich dachte für mich nur: ‚Red' du nur weiter, ich benötige hier drei Schritte, während du mit deinen unendlich langen Beinen locker einen Schritt läufst. Aber am Ende schaffte ich es, dich wieder zum regelmäßigen Joggen zu bringen und das war fein. Nach dem ersten Lauf waren wir dann noch bei dir zu Hause frühstücken, fein war das." „Stimmt, meine Uschi hat Kaffee gemacht, wir haben Kipferl mitgebracht und dann saßen wir noch lange in der Küche und plauderten. Viele, schöne Stunden haben wir so verbracht." Sevelda räumt aber ein, dass Uschi Denison definitiv die Sportlichere von ihnen beiden sei, wobei er es war, der ihr das Golfen schmackhaft machte.

Sport ist für die beiden Ärzte ein wichtiger Ausgleich für die stressige und belastende Arbeit in der Klinik, wo sie beide oft miterleben mussten, was oder wer für Menschen wirklich wichtig ist, wenn ihr Leben dem Ende zugeht: „Sterben ist ein sehr intimer Vorgang. Meiner Erfahrung nach wünschen sich Betroffene dabei meistens nur ihre engste Familie um sich. Als meine eigene Mutter starb, waren meine Schwester und ich bei ihr, mein Vater schaffte es nicht, meine Mutter war am Ende auch nicht mehr ansprechbar“, erzählt der Präsident der Krebshilfe über seine intimste Erfahrung. „Wenn das unmittelbare Lebensende bevorsteht, so glaube ich, wird die Familie dann doch noch einmal wichtiger.“ Eine Aussage, die auch Denison aus ihrer Erfahrung bestätigt. „Gott behüte! Aber würde es Pauli schlecht gehen, dann würde ich ihn natürlich gerne sehen und ich würde ausloten, wie das möglich wäre, aber die Familie hat in dieser Situation immer Vorrang. Manche Familien allerdings schotten die sterbende Person ganz von der Umwelt, auch von den Freundinnen und Freunden ab. Das finde ich unfair, wenn jemand das Bedürfnis hat, am Ende des Lebens seine Freunde noch einmal zu sehen.“

Für immer mehr Menschen werden ihre Freunde zu ihrer neuen Familie, zu wesentlich vertrauteren Menschen als viele Verwandte. „Ja, die Familie bekommt man aufgebrummt, Freundinnen und Freunde sucht man sich bekannterweise aus“, fällt Denison dazu ein. „Das stimmt schon“, pflichtet ihr Sevelda bei, „aber es hängt natürlich sehr vom Familienverband ab. Ich bin ein absoluter Familienmensch. Die bedingungslose Liebe und Zuneigung zu meiner Frau und meinen Kindern, das steht für mich über jeder Freundschaft.“ „Auf jeden Fall lässt sich Freundschaft nicht anordnen, sie muss wachsen“, ergänzt Denison, die auch einbringt, dass mit dem Begriff „Freund“ oder „Freundin“ oft inflationär und falsch umgegangen werde: „Meiner Meinung nach kann man nur wenige wirklich gute Freundinnen oder Freunde haben. In meinem Fall sind es drei, einer davon ist der Pauli."

„Ich komme auch auf drei, maximal vier. Darüber hinaus gibt es Menschen, die mir nahestehen, mit denen ich Interessen oder Aktivitäten teile, wie beispielsweise Tarockieren. Mit ihnen habe ich auch eine sehr gute Basis. Aber unter einer wirklichen Freundschaft verstehe ich so etwas wie mit Uschi", meint Pauli Sevelda.

Und was macht nun den Unterschied zwischen einer so guten Freundschaft zwischen einem Mann und einer Frau und einer Liebesbeziehung aus? Abgesehen von Sexualität und allem, was zu einer Beziehung eben auch dazugehört? Am Ende unseres langen Gespräches findet Ursula Denison dafür eine schöne Antwort: „Freundschaft ist ein Gefühl, das man empfindet, unabhängig davon, wie oft man sich sieht oder hört. Freundschaft wächst. Freundschaft hat keinen Jahrestag."

Markus Freistätter & Susanne Auzinger

GENUSSVOLL UND HARMONISCH

Anders als für viele Menschen ist das Meer für Markus Freistätter kein Sehnsuchtsort, ganz im Gegenteil: Er attestiert sich sogar eine „Meeresphobie“, findet aber auf der Suche nach einer Definition für Freundschaft dennoch genau dort ein für ihn stimmiges Bild. „Ich weiß, das mag pathetisch klingen, aber Freundschaften sind für mich wie Wellen, wie Wellen in einem großen Meer, bei denen man nie weiß, wie hoch oder intensiv sie sind und vor allem auch, wann die nächste kommt. So wie in verschiedenen Lebenslagen – jede hat eine andere Freundschaft parat“, philosophiert der Schauspieler und präzisiert: „Damit meine ich keineswegs, dass FreundInnen austauschbar sind, aber für mich brachte bis jetzt jede Lebenslage auch andere Personen, die meine engsten FreundInnen waren. Wir alle verändern uns doch ständig, daher verändern sich auch unsere Beziehungen.“ Sehr stimmig, dass die Freundschaft, über die der erfolgreiche Mime für dieses Buch erzählen möchte, mit einer prägenden Phase seines Lebens zu tun hat.

Mit der Zeit, als Markus Freistätter seine erste Hauptrolle in einem Kinofilm spielte. 2018 begeisterte der Wiener als Titelheld in Reinhold Bilgeris Biopic „Erik & Erika“ über die österreichische Skilegende Erik Schinegger, der als Erika auf die Welt kam und in einem schmerzlichen Prozess zu seinem wahren Geschlecht als Mann fand, Publikum wie Kritiker gleichermaßen. Und wurde nur zwei Jahre nach Abschluss seines Schauspielstudiums an der Musik und Kunst Privatuniversität der Stadt Wien zum Star.

Schätzen in ihrer Freundschaft gegenseitiges Vertrauen und Ehrlichkeit

„Es war seine erste große Rolle, das erste Mal großes Presseaufgebot, das erste Mal auf Pressetour, natürlich war Markus unsicher, phasenweise auch überfordert“, erinnert sich Freundin Susanne Auzinger, erfahrene Pressefrau und für „Erik & Erika“ mit der Presse- und Öffentlichkeitsarbeit betraut. Kennengelernt habe sie Markus und die anderen SchauspielerInnen des Films natürlich schon während des Drehs im Jahr 2017, so wie das eben üblich sei, erzählt sie, als die beiden gemeinsam überlegen, wie lange sie einander nun wirklich schon kennen. „Ich kann mich an dich aus dieser Zeit nicht erinnern. Mir war sowieso alles zu viel“, lacht Markus und berichtet, dass Susi für ihn erst mit dem Filmstart bewusst in sein Leben getreten sei. „Wir waren mit dem Film dann auf Tour quer durchs Land. Reiseführer war übrigens Regisseur Reinhold Bilgeri“, lacht er, „und in irgendeiner Nacht, wir waren wieder einmal stundenlang unterwegs in unseren Tourbus, hast du dich zu mir umgedreht und mich gefragt, ob wir gemeinsam arbeiten wollen. Ich wusste aufs Erste gar nicht, was du damit meintest, und begriff es erst, als du zu mir sagtest, dass du gern meine Presseagentin wärst. Ja, ich glaub, das war der Beginn.“

Der Beginn einer engen Zusammenarbeit, die von Anfang an etwas Freundschaftliches hatte. „Wenn man für einen Film immer in derselben Gruppe von Kinopremiere zu Kinopremiere durchs Land fährt, dann hat das durchaus Ähnlichkeiten zu einer Landschulwochen-Gruppe. Man lernt sich schnell und gut kennen. Und mit Markus habe ich früh gespürt, dass wir eine freundschaftliche Verbindung über das Arbeiten hinaus haben könnten. Dieses Potential war für mich schnell spürbar“, meint Auzinger, die seit vielen Jahren eine der erfahrensten PR-Spezialistinnen in der österreichischen Filmbranche ist.

„Anfangs war Markus sehr zweifelnd, sehr unsicher und er brauchte mich sozusagen als führende Hand. Völlig normal, wenn man erstmals so einen Erfolg feiert. Ich bin schon recht lange in diesem Business und hatte mit Markus am Anfang das Gefühl, dass ich mich zurücknehmen muss, dass wir nicht zu sehr ins Freundschaftliche kippen, weil eine Abgrenzung nötig ist und wir uns auf das Berufliche konzentrieren müssen", erzählt sie über die Zeit, als Markus von Interview zu Interview gereicht wurde und sich JournalistInnen auf den neuen Kinostar stürzten, der 2018 nicht nur mit „Erik & Erika" reüssierte, sondern auch mit dem Horrorthriller „Die letzte Party deines Lebens" und in der André-Heller-Verfilmung „Wie ich lernte, bei mir Kind zu sein" sein Talent zeigte. Eine intensive Zeit, in der beide aber trotzdem Raum fanden, sich immer wieder zu treffen und nach und nach immer persönlicher miteinander zu reden.

Freunde und Kollegen

„Für mich ist es wirklich ein Einzelfall, dass ich mit einem beruflichen Kontakt eine derart intensive Freundschaft habe, wie wir beide inzwischen seit mehr als vier Jahren", meint Susanne, die sich nach sieben Jahren PR-Arbeit für den „Filmladen"-Filmverleih 2014 selbstständig machte und mit den wichtigsten Filmschaffenden Österreichs eng zusammenarbeitet. Stars wie Claudia Kottal, Thomas Mraz, Tanja Raunig oder Clemens Maria Schreiner finden sich auf der Agentur-Homepage. Dass sie mit einem ihrer Schützlinge inzwischen eng befreundet ist, sei für die anderen aber nie ein Problem gewesen, sind sich Markus und Susanne sicher.

„Ich habe vor diesem Gespräch meine alten Kalender durchgeschaut", schmunzelt Markus, „unser erstes persönliches Treffen war ein Frühstück, und zwar am 25. Jänner 2018. Dabei ging es aber wirklich nur um Arbeit; die Premierentour startete dann im März 2018 und dann ging alles total schnell", strahlt er seine Freundin Susi an, die seitdem zu einer seiner engsten Vertrauten wurde, und die sich unglaublich freute, als Markus sie fragte, ob sie mit ihm für dieses Buch über ihre noch junge, aber für beide wichtige Freundschaft erzählen wolle. „Wir saßen wieder einmal im Auto auf Filmtour, am Weg zur Premiere von ‚Rotzbub‘ nach Krems, als Markus auf einmal ganz feierlich wurde, mir vom Buchprojekt erzählte und mich dann eben fragte, ob ich mit ihm dafür über unsere Freundschaft berichten möchte. Und wie soll ich sagen? Es fühlte sich so richtig an. Und ich war wirklich sehr bewegt, sehr“, sagt sie sichtlich gerührt und Markus ergänzt: „Wie schön! Für mich war das auch so etwas wie ein Bekennen. Wir sind sehr eng und gut befreundet, also machen wir das für dieses Buch über Freundschaft doch gemeinsam! Und als du zugesagt hast, war das für mich auch sehr schön und auch wichtig“, freut er sich.

Im Animationsfilm „Rotzbub“, einer filmischen Erzählung in der Ästhetik des 2016 verstorbenen österreichischen Kult-Karikaturisten Manfred Deix, lieh Markus Freistätter der Titelfigur die Stimme – ein jahrelanges Projekt, in dessen Entwicklung Deix noch selbst involviert war, das aber wegen Budgetproblemen erst dank einer Crowdfunding-Kampagne im Dezember 2021 ins Kino kam und 2022 schließlich zum erfolgreichsten heimischen Kinofilm wurde. Ein gutes Beispiel dafür, wie schwierig und langwierig die Arbeit in der Filmbranche sein kann, worüber sich die beiden Freunde auch oft unterhalten. „Ich glaube, es gibt kaum ein Gespräch, in dem nicht irgendwo auch etwas Berufliches Thema ist,“ meint Markus, „unser Beruf prägt bei uns beiden auch unser Leben. Wir haben das Privileg, einen Beruf ausüben zu dürfen, der uns sehr wichtig ist und den wir sehr lieben. In Susis und meinem Fall kommen wir von unterschiedlichen Seiten, aber wir wissen genau, was der oder die andere meint, wenn wir über etwas Berufliches sprechen. Wir kennen die Branche, deshalb können wir uns darüber auch so besonders gut austauschen.“

Wichtiges Korrektiv

„Markus kann besser verstehen, was ich meine und ich was er", pflichtet Susi bei. Deshalb könne sie ihm als Freundin auch besser sagen, wenn sie bemerke, dass ihr Freund ihrer Meinung nach manchmal übertreibe. Mit seiner Präsenz bei Society-Events beispielweise. „Ich kann nicht Nein sagen, das fällt mir wirklich schwer", setzt Markus fort, der sofort weiß, worauf seine Freundin und PR-Beraterin anspielt. Es habe eine Zeit gegeben, meinen beide unisono, in der Markus für Susis Geschmack definitiv zu oft in „Seitenblicke" und anderen Society-Formaten aufgetaucht sei.

„Ich weiß schon, du und dein Pflichtbewusstsein", rügt sie ihn liebevoll, „das ist ja an sich etwas Gutes. Aber ich musste dir in dieser Zeit schon sagen, dass es auch dazugehört, sich abzugrenzen, sich zu positionieren. Und außerdem, wenn es dich nicht freut, dann gehst du eben nicht zu einem Event, auch wenn du eingeladen bist. Punkt. Es gab Zeiten, da gingst du wirklich auf viele Veranstaltungen, da sah man dich dauernd über alle möglichen Themen, die nichts mit deiner eigentlichen Arbeit zu tun hatten, mit ReporterInnen reden. Da musste ich wirklich ein bisschen die Notbremse ziehen", erinnert sie sich und Markus pflichtet ihr bei und ist dankbar, dass in dieser Freundschaft offen angesprochen werde, wenn eine/r das Gefühl habe, die/der andere brauche ein liebevolles Korrektiv.

„Zu Freundschaft gehört für mich auch, dass man sich ehrlich begegnet. So wie ich will, dass mir jemand, der mich mag, ehrlich Dinge sagt, tue ich das auch. Aber mit Respekt und wenn es eine heikle Angelegenheit ist, auch mit Vorsicht. Und vor allem wertschätzend", meint er. Seine enge Freundin erinnert sich, dass Markus anfangs durchaus ein wenig irritiert gewesen sei, als sie begann, „ein bisschen einzuhaken", als sie bemerkte, wie er es allen recht machen wollte und sie sich sorgte, dass er dabei vergaß, „sich selbst treu zu bleiben".

Inzwischen wissen beide, dass im Vertrauen ihrer Freundschaft auch Kritik Platz hat und wichtig sein kann. „Ich denke, es muss sogar so sein, sonst funktioniert Freundschaft nicht“, meint Markus Freistätter, der seit dem Jahr 2021 bei den wichtigsten Film- und Fernsehpreisen Österreichs, der alljährlichen „Kurier“-Romy-Verleihung die wichtige Aufgabe überhat, die beliebtesten Nachwuchs-SchauspielerInnen (Kategorie „Entdeckung“) des Landes zu nominieren und damit für junge KollegInnen eine große Karrierechance eröffnen kann.

Er selbst wurde für die Hauptrolle in „Erik & Erika“ 2018 in eben dieser Kategorie nominiert, die „Kurier“-Romy bekam aber ein anderer Kollege. Trotzdem ist seine Arbeit für die Romy für ihn eine besonders schöne und wichtige Aufgabe und obwohl der 1990 Geborene selbst noch ein junger Schauspieler ist, kennt man ihn inzwischen auch als wichtiger Förderer von KollegInnen. Als Schauspiellehrer kümmert er sich seit Jahren um den Nachwuchs an der Musik- und Kunstschule St. Pölten. Für die Romy-Gala waren Susanne und Markus eine Zeitlang beide im Einsatz, in ihren unterschiedlichen Bereichen zwar, aber wie so oft mit vielen Überschneidungen. „2020 lief auch bei der Romy wegen der Pandemie alles anders, gab es sie ausschließlich als TV-Sendung. Markus und ich hatten uns verabredet, um sie gemeinsam anzuschauen und ich wusste, dass sein Name schon herumschwirrte, dass er eine Aufgabe dort bekommen sollte, aber ich durfte natürlich nichts sagen“, erinnert sie sich. „Also Susi wusste schon, was auf mich zukommen sollte. Aber sie sagte nichts. Mir fiel nur auf, dass sie den ganzen Abend so lächelte, aber ich verstand nicht warum“, ergänzt Markus. „Wenn man nichts sagen darf, dann darf man nichts sagen. Da sind wir streng! Freundschaft hin oder her.“ Man kann sich also vorstellen, dass beide mitunter Geschichten zu erzählen hätten, die sie sich aber nicht verraten dürfen – wenn sie gemeinsam Fernsehen, zum Beispiel.

Kochen und fernsehen

Ein wichtiges Freundschaftsritual. „Wir verabreden uns gerne zu Fernsehabenden oder zu Essabenden", erzählen die beiden viel Beschäftigten, die darauf achten, trotzdem Zeit für Freundschaftsaktivitäten zu finden. „Wir haben einige Lieblingssendungen", berichtet Markus, „‚LOL: Last One Laughing' zum Beispiel. Da werden Deutschlands beste Comedians für sechs Stunden zusammengesperrt und müssen versuchen, die anderen zum Lachen zu bringen. Bully Herbig moderiert, Spielregeln gibt es an sich keine, außer: Wer zuerst lacht, hat verloren." „Da trifft sich wirklich die Crème de la Crème der deutschen Comedians. Was die alle aufführen, damit die anderen lachen, das ist wirklich großartig", lacht Susi, die unlängst selbst die deutsche Komikerin Anke Engelke für den Film „Der Onkel" pressemäßig betreute.

Gemeinsam ins Kino schaffen es die beiden nicht so oft, wie sie es sich wünschen würden, bedauern Markus Freistätter und Susanne Auzinger. „Aber wir treffen einander oft bei Filmpremieren, wenn wir arbeitsmäßig involviert sind", meint Markus, „genauso wie unlängst beim Grazer Filmfestival Diagonale. Bei solchen Anlässen verbringen wir natürlich auch viel Zeit miteinander, Arbeit und Freizeit verschwimmen bei uns immer wieder."

Rein privat hingegen sind die gemeinsamen Kochaktionen ein weiteres wichtiges Freundschaftsritual. „Unsere Freundschaft ist sehr genussmäßig orientiert", lachen beide, die deshalb auch ein Foto beim Kochen als Illustration dieser Geschichte vorschlugen. „Vier Mal im Jahr, also wenn du so willst, einmal im Quartal, kochen wir miteinander", schmunzelt Markus Freistätter, der neben seinen Kinorollen vor allem im Sommer gerne Theater spielt, wie jüngst den Sohn des „Bockerer" bei den Schlossspielen Kobersdorf von Wolfgang Böck oder 2023 in der Komödie „Funny Money" bei den Festspielen Berndorf unter der Leitung von Kristina Sprenger.

Wenn es ums Kochen geht, darf der Humor natürlich auch nicht zu kurz kommen, wobei die beiden Freunde auch hier ein klares Konzept verfolgen. Jedes Mal gibt es ein Menü von einem anderen Koch oder einer anderen Köchin. Der israelisch-britische Starkoch Yotam Ottolenghi ist ein Favorit der beiden, Fernsehkoch Alexander Kumptner oder Haya Molcho sind andere. Wichtig sei, jedes Mal etwas Neues zu entdecken, die Aufteilung in der Küche sei unkompliziert, da seien sie beide nicht ehrgeizig. Was zähle, sei ein gemütlicher Abend mit einem guten Essen und dem einen oder anderen guten Glas Wein. Genossen wird selbstverständlich aber nicht nur zu zweit, ihre Freundschaft inkludiert auch ihre Familien – das ginge bis hin zu gemeinsamen Silvesterfeiern, wo auch Markus' Mutter schon einmal bei Susi eingeladen war und vielen anderen gemeinsamen Anlässen hier wie dort, freuen sich beide.

Wobei Freundschaft oder Familie für beide ganz klar unterschiedliche Plätze in ihrem Leben haben. „Für mich sind das unterschiedliche Inseln", meint Susanne Auzinger, „ich erlebe mit meinen FreundInnen andere Dinge als beispielsweise mit meiner Schwester. Auch gibt es FreundInnen, die von mir andere Sachen wissen als meine Familie." Und Markus Freistätter pflichtet ihr bei: „Freundschaften sind anders als Familie. Ich mag den Spruch ‚Freunde sind die Familie, die man sich aussucht' nicht. Denn wenn ich mit Familienmitgliedern wenig bis kaum zu tun habe und auch keine Gemeinsamkeiten vorhanden sind, habe ich mit ihnen auch wenig bis kaum Kontakt. Außer das obligatorische Familientreffen einmal im Jahr. Freundschaften hingegen müssen gepflegt werden, das stimmt tatsächlich. Es ist eine Beziehung zwischen zwei Menschen, die stets gegenseitigen Respekt, ehrliche Meinung und jede Menge gemeinsamer Erlebnisse braucht", meint er und erzählt davon, wie schmerzhaft es sein kann, wenn Freundschaft plötzlich zu Ende geht.

FreundInnen können auch verletzen ...

„Das ist nicht viel anders, als wenn eine Beziehung zerbricht. Mir ist es nach einer zwölfjährigen Freundschaft so ergangen. Das war ein harter und schmerzhafter Bruch in meinem Leben, der auch mich verändert und geprägt hat. Ein Abschnitt ging zu Ende. Ja, auch Freunde können verletzen, sehr sogar ...", meint er ernst. Ob ihn solch eine Enttäuschung misstrauisch in neuen Freundschaften gemacht hat? „Mag sein, dass einen so etwas sensibler und vorsichtiger macht. Aber so ist das Leben, es bringt viele Erfahrungen im Guten wie im Schlechten. Ich bin jetzt mit über 30 natürlich anders als mit Anfang 20, das ist ja ganz normal."

„Freundschaften verändern sich, entwickeln sich", fügt die um zehn Jahre ältere Susi hinzu, „in meinem jetzt doch schon etwas längeren Leben ist mir schon klar geworden, dass es richtige Menschen für bestimmte Zeiten gibt. Einige Male habe ich in Freundschaften erlebt, dass es mit jemandem wunderbar intensiv war und dann nicht mehr. Mein Freundeskreis hat sich in den letzten zehn Jahren sicher sehr gewandelt."

Wichtig sei aber auf jeden Fall, dass nichts offenbleibe, nichts in der Luft hänge, wenn Menschen einfach aus dem Leben verschwinden. „Ich bin immer ein Freund von Aussprachen. Ich stelle mich gerne den Dingen, scheue auch keine Konfrontation. Schwierig ist, wenn man nicht weiß, warum sich jemand, mit dem man wirklich befreundet war, plötzlich zurückzieht", weiß Markus. „Das lässt einen ratlos zurück. Und ist unangenehm, weil es nicht bewältigt ist", ergänzt Susanne, die einen weiteren Punkt einbringt, was bei Freundschaften wichtig und ihrer Meinung nach anders als in einer Liebesbeziehung sei. „Ganz abgesehen von der sexuellen Komponente zeigt man sich einer Freundin oder einem Freund gegenüber eher nicht von der ungefilterten Seite. Dem Partner gegenüber schon. In einer Freundschaft bleibt eine gewisse Distanz, man lebt ja auch nicht zusammen. Also Markus wird mich nie so erleben wie mein Lebensgefährte, mit dem ich so eng bin, dass ich alles rauslasse. Du kannst dir gar nicht vorstellen, wie ich zur Furie werden kann", schüttelt sie den Kopf. „Stimmt schon, in Freundschaften ist man distanzierter als in Liebesbeziehungen, wo man ja mit allen seinen Befindlichkeiten drinnen hängt", pflichtet er ihr bei.

„Eine große Qualität in einer guten Freundschaft ist natürlich auch, dass man Dinge, die einen im Privatleben bewegen, jemandem im Vertrauen erzählen kann, die guten wie die schwierigen. Auf einer Reflexionsebene und nicht in der vollen Emotion wie in der Beziehung", fügt sie hinzu. Sie beide würden einander inzwischen so gut kennen, dass sie sich oft nur einen Blick zuwerfen müssten, wenn sie beispielsweise auf einer Veranstaltung sind, und sofort wüssten, was sie meinen. „Harmonie pur", lachen beide, die auch berichten, dass sie in den großen Krisen der letzten Zeit – von Corona bis Ukraine – im Prinzip ähnliche Lebensanschauungen hätten, was mühsame ideologische Auseinandersetzungen in einer ohnehin viel zu polarisierten und angespannten Zeit erspart und ihre Freundschaft sicherlich gestärkt hätte.

An der Oberfläche würden sie aber nie miteinander bleiben, resümieren die erfolgreiche Presseagentin und der Schauspieler, der auch durch seine regelmäßigen Auftritte in TV-Serien wie „Walking on Sunshine", „Vienna Blood" oder „Schnell ermittelt" bekannt ist. Der Wellengang für ihre Freundschaft passt also gut, um bei diesem Bild zu bleiben. Viele Telefonate und noch mehr hin und hergeschickte Sprachnachrichten sorgen selbst im größten Stress für einen guten Austausch. Und was die Zukunft betrifft, ist Markus Freistätter absolut optimistisch und streut seiner guten Freundin Rosen: „Vor zehn Jahren waren auf meiner Geburtstagsfeier größtenteils andere FreundInnen als jetzt. Aber ich habe ein sehr, sehr gutes Gefühl, dass du in den nächsten Jahrzehnten immer dabei sein wirst", blinzelt er Susanne Auzinger liebevoll und verschmitzt an. Na, wenn das kein Grund ist, ein gutes Glaserl auf diese genussvolle Freundschaft zu heben ....

Gespräch mit Cristina Budroni

FREUNDSCHAFT IST DIE SCHWESTER DER LIEBE

FreundInnen machen uns gesund, Freundschaften helfen gegen Stress, glücklich im Alter mit guten FreundInnen ... Die oft gepriesenen Auswirkungen von Freundschaft auf unsere Psyche und unsere Gesundheit ließen sich endlos fortsetzen und wurden in unzähligen wissenschaftlichen Studien ebenso wie in populärwissenschaftlichen Büchern und Artikeln beschrieben. Faktum ist, dass wir Menschen soziale Wesen sind und zwischenmenschliche Beziehungen einen wichtigen Faktor für unsere Lebensqualität darstellen.
Spannend dabei ist, inwiefern und warum Frauen und Männer in Freundschaften unterschiedlich ticken, wie Freundschaftserfahrungen mit Beziehungsfähigkeit zusammenhängen oder wodurch sich nun Freundschaft und Liebesbeziehung wirklich unterscheiden. Und inwiefern das Konzept von Freundschaft in unterschiedlichen Kulturen anders verstanden wird. Alles interessante Fragen, die ich im folgenden Gespräch der in Wien ansässigen, in Sardinien geborenen und aufgewachsenen Psychotherapeutin Cristina Budroni gestellt habe.

Die langjährige Leiterin der Kinder- und Jugendabteilung des psychosozialen Zentrums ESRA studierte zunächst Romanistik, Literatur- und Sprachwissenschaft an der Universität Wien, lehrte an der Wirtschaftsuniversität Wien und absolvierte eine psychotherapeutische Ausbildung an der Lehranstalt für systemische Familientherapie Wien. Neben ihrer Tätigkeit als Psychotherapeutin in eigener Praxis hält sie Seminare und Vorträge vorwiegend zum Thema transgenerationale Weitergabe von Traumata.

Die zweifache Mutter, die seit Langem in Wien lebt, aber nicht nur wegen ihrer Liebe zum Meer, Wind und Duft ihrer Heimatinsel immer noch viel Italianità ausstrahlt, ist in ihrer Arbeit oft mit Menschen konfrontiert, die sich schwertun, mit anderen eine Bindung einzugehen, ganz besonders seit der Coronazeit.

Wenn wir Freundschaft einmal ganz allgemein betrachten: Wie wichtig sind Freundschaften für unsere Psyche?

Freundschaften sind für unsere Psyche sehr, sehr wichtig. Familie ist eine gegebene Sache – Freundschaft ist *on the top*. Die Familie ist immer da, man kann sie sich aber auch nicht aussuchen. Bei FreundInnen hat man die Freiheit zu wählen. Freundschaft ist wie ein Bankkonto: Ich muss immer einzahlen, damit etwas herauskommt. Man muss sich also um Freundschaften kümmern, sie füttern. Sie geben uns das Gefühl der Sicherheit, das Gefühl des Seins. Ich fühle mich eingebettet, ich werde getragen, gesehen, gehört und das ist äußerst wichtig für das physische und noch mehr für das psychische Wohlbefinden.

Inwieweit Menschen in Freundschaften eingebettet sind, in Freundschaften leben und auf dieses Konto einzahlen, um bei diesem Bild zu bleiben, hat sich in der Pandemiezeit stark verdeutlicht. Auch in meiner Arbeit. Viele Menschen dachten, sie wären ohnedies gut eingebettet, und dann zeigte ihnen diese Extremsituation auf, dass sie sich geirrt hatten, dass sie keinen „sicheren Kreis der Freundschaften" hatten. Dieses plötzliche Alleinsein fühlte sich für einige Menschen wie ein Sterbevorgang an, wie der Tod. Wie nach der Geburt ohne Mutter zu sein. Viele Kontakte konnte man in den Lockdowns online ersetzen, aber die prinzipielle Problematik, die durch Corona bei einigen Menschen sichtbar wurde, ist noch immer präsent und spürbar und damit kommen sie auch zu mir.

FreundInnen zu finden und befreundet zu sein ist also nicht für alle Menschen einfach?

Absolut. Das hat mit der Fähigkeit des Bondings zu tun. Beziehung zu anderen aufzubauen, lernen wir als Kinder, im Elternhaus. Das ist unsere erste Sozialisierung, das legt den Grundstein für unsere spätere psychische Fähigkeit, uns mit anderen Menschen zu verbinden. Mit FreundInnen, in Partnerschaften, im Arbeitsumfeld. Wer das als Kind nicht lernen durfte, wird es sein Leben lang schwerer haben, sich auf andere Menschen einzulassen als Menschen, die in ihrer Familie gut sozialisiert und eingebunden wurden. Wobei man auch anmerken muss, dass unterschiedliche Kulturen hier unterschiedliche Zugänge haben.

Inwiefern?

Unterschiedliche Kulturen haben unterschiedliche Wertigkeiten, was Bindung bedeutet. Wie Familie definiert wird und wer dazugehört, genauso ist das bei Freundschaften. Hierzulande wird sehr stark zwischen Familie und Freundschaft differenziert. Auch innerhalb der Familie zwischen den Generationen. Das ist wie Trennkost. Intergenerationalität ist nicht üblich. Gibt eine 18-Jährige eine Geburtstagsparty, würde sie in der Regel niemals ihre Eltern zu diesem Fest einladen. In anderen Kulturen ist das anders – da gehören gute FreundInnen zur Familie, die Familie zu guten FreundInnen und das über die Generationen hinweg. Es gibt dieses wunderbare Bibelzitat, das hier so gut passt: „Von deinem Freund und deines Vaters Freund lass nicht ab." Was nichts anderes bedeutet als: Integriere auch die Freundschaften deiner Familie in dein Leben. Personen, zu denen eine emotionale Bindung besteht, werden in die Gruppe mitgenommen. ItalienerInnen beispielsweise bewegen sich gerne in Herden, da muss man sich nur italienische TouristInnen ansehen (*lacht*, Anm.), oder nehmen wir als Beispiel Ferragosto. Wer Ferragosto (15. August, in Italien traditionell einer der wichtigsten katholischen Feiertage für das Zusammentreffen

der Familie und Freunde, Anm.) mit nur zwei FreundInnen feiert, so heißt es, hat ein Problem. Es müssen mindestens 15 Leute sein, man feiert das Leben mit FreundInnen. Freundschaften sind Geschenke, die man pflegen und feiern muss.
Und so gab es auch in dieser Krisensituation einen Unterschied: In südländischen Gesellschaften sorgten die weiter gespannten sozialen Gefüge für eine bessere psychische Stabilität. Interessanterweise gab es in der Pandemie auch große Unterschiede, wie Frauen und Männer reagierten. Männer gerieten schneller als Frauen in eine emotionale Deprivation. Historisch gesehen durchaus erklärbar, da Frauen immer schon dafür zuständig waren, in Krisenzeiten das soziale Gefüge zusammenzuhalten.

Wobei es Freundschaft zwischen Frauen historisch gesehen noch gar nicht lange gibt und auch nicht geben durfte.

Stimmt! Frauen mussten im Haus bleiben und alleinstehende Frauen, also unverheiratete Frauen, waren gesellschaftlich nicht geduldet. Ich habe da etwas Interessantes gefunden: Im England des 16. Jahrhunderts war es üblich, dass junge Mädchen bis zur Heirat etwa vier Jahre lang zunächst bei adeligen Familien auf dem Land und anschließend in Londoner Haushalten arbeiten mussten. Die Gesellschaft erlaubte alleinstehenden Frauen nicht, allein zu leben. Das „Statute of Artificers" von 1562 besagt, dass alle unverheirateten Frauen entweder eine Anstellung haben mussten oder ins Gefängnis kamen. Das Gesetz galt nicht für Mädchen aus Familien der Mittel- und Oberschicht.

Ins Gefängnis? Nicht ins Kloster?

Ja, ins Gefängnis. Man sprach ihnen das Recht ab, allein zu existieren. Das Kloster ist eine andere Geschichte, das Kloster war eigentlich der erste von der Männergesellschaft geduldete Ort für Frauenfreundschaften. Hildegard von Bingen war diesbezüglich die erste Frau, die über ihre Freundin berichtete, auch wenn man heute aus ihren Schriften nicht mehr genau zuordnen kann, ob es eine Liebesfreundschaft oder eine platonische Freundschaft war. Und dann gab es die „Blaustrümpfe" als Symbol von Freundschaft, kennen Sie das?

Nein, was war das und wann?

Das war im 18. Jahrhundert, ebenfalls in England. Zur sogenannten „Bluestocking Society" gehörten intellektuelle Frauen, die sich zu literarischen und politischen Diskussionen trafen. Diese Frauen schenkten einander blaue Seidenstrümpfe als Symbol ihrer Freundschaft und demonstrierten so in der Öffentlichkeit, dass auch Frauen miteinander befreundet sein können und wehrten sich gegen die Dominanz von Männern in der damaligen Gesellschaft.
Frauenfreundschaften sind historisch gesehen oft aus der Not heraus entstanden. Frauen mussten immer ersetzen, was der Staat, die männliche Gesellschaft nicht bereitstellte – im Bildungswesen, im Gesundheitswesen, im Sozialwesen. Sie waren oft in einem Notfall auf Nachbarinnen angewiesen, ob bei Geburt, im Wochenbett, als Ersatzmutter. Und so schlossen sich Frauen zusammen und halfen einander. Im Grunde hat die Pandemie uns gezeigt, dass vieles gleich geblieben ist. Wenn man daran denkt, wie viel unbezahlte Arbeit von Frauen noch mit gesellschaftlicher Selbstverständlichkeit geleistet wird. Männer hingegen institutionalisierten ihre Freundschaften, in der nach Aristoteles sogenannten ersten und zweiten Stufe der Freundschaften: Nützlichkeit und Vergnügen, Männerclubs und Netzwerke, die auch heute noch eine wichtige Rolle in unserer Gesellschaft spielen.

Frauenfreundschaften anders als Männerfreundschaften

Viele Frauen berichten, dass ihre Männer in Freundschaften anders ticken als sie. Warum ist das so? Wo gibt es hier Unterschiede zwischen der weiblichen und männlichen Psyche?

Ich würde sagen, da spielt alles mit hinein. Die Psyche, die Biologie, die Sozialisierung, Geschichte und ich komme auch wieder auf den kulturellen Unterschied zurück. Ich vergleiche Freundschaft gern mit dem Meer, dem Ozean. Wir können darin schwimmen, schnorcheln, Tiefsee tauchen. Meiner Erfahrung und meinem Wissen nach bewegen sich Männerfreundschaften, generell gesehen, öfter an der Oberfläche, sie schnorcheln. In die Tiefe zu tauchen, bereitet Männern oft ängstliches Unbehagen, Frauen weniger. Es liegt daran, dass sie durch die Biologie mehr mit dem Leben und mit dem Tod konfrontiert und beschäftigt sind als Männer. Sie gebären, die Geburt ist der Inbegriff des Lebens und des Todes zugleich, sie erleben durch die Menopause eine Zäsur, einen Moment des Todes zumindest in unserer Gesellschaft und wissen, dass sie in die letzte Lebensphase gleiten. Ich erlebe oft, dass Männer viel mehr Angst vor dem Tod haben, vor der Konsequenz des Lebens. Auch werden unter Freunden Themen wie Gesundheit, Krebsvorsorge, Prostata oder erektile Dysfunktion oft ausgespart.
Das ist bei Frauen ganz anders, schon als Mädchen tauschen sie sich über die Menstruation, ihre sexuellen Ersterfahrungen, später über ihre Beziehungen, über Schwangerschaften, ihre Kinder, über Sex aus. Welche Frau kennt das nicht, wenn Männer mit Männerfreunden ausgehen oder auf Urlaub sind und sich dabei mit den anderen relativ wenig austauschen, wenig übereinander erfahren, während sich Frauen, wenn sie auf ein Freundinnen-Wochenende fahren, dabei meist intensiv und eng austauschen.
Frauen haben öfter das Gefühl, Männer reden gar nicht mit ihren Freunden, ihnen ist es vor allem wichtig, gemeinsam etwas zu unternehmen. Frauenfreundschaften erledigen meist das Soziale. Männer besorgen den Wein, könnte man vereinfacht sagen. Ich nehme in meiner Praxis jedoch wahr, dass sich das in der jüngeren Generation verändert, jüngere Männer tauchen tiefer und viel mehr in Freundschaften ein, anders als die Generation ihrer Väter, was von der historische Perspektive gesehen nachvollziehbar ist.

Warum?

Um das Jetzt zu begreifen, müssen wir das Gestern erfassen. Wir sind das Sammelsurium aus dem, woher wir kommen, wir sind das Kontinuum, um das fortzusetzen, was vor uns war, und um Platz zu machen für die, die nach uns kommen.

Wer beispielsweise in Österreich geboren ist, hat eine andere Epigenetik als jemand, der aus Afrika stammt. Österreich hat eine lange Tradition als männerlose Gesellschaft. Das klingt vielleicht seltsam, aber ich kann das erklären: Männer waren hierzulande über Jahrzehnte hinweg abwesend. Denken wir an den Ersten und Zweiten Weltkrieg: Zuerst waren die Männer als Soldaten im Krieg, das bedeutete, dass die Frauen unvorbereitet die Rolle und die Funktion des Mannes/Oberhauptes/Ehemannes/Vaters und noch viel mehr übernehmen mussten, sowohl in der Familie als auch in der Gesellschaft. Männer wurden also überflüssig. Die Männer kamen eines Tages zurück, sie fanden eine fremde Welt vor, die ihrer Erinnerung nicht entsprach. Was sie fanden, waren Trümmer, die Häuser, die Familien, die Beziehungen und die „Trümmerfrauen".

Viele dieser Männer waren traumatisiert, konnten keine Bindung nach außen aufbauen, weil sie die Bindung zu sich selbst verloren hatten. Sie waren innerlich isoliert und fanden zu Hause keinen Anschluss mehr. Es gab nach dem Krieg noch weniger Freundschaften unter Männern; manche Begegnungen waren stille Erinnerungsträger einer gemeinsamen schmerzvollen Zeit. Den Gefühlen Raum geben bedeutete, dem Schmerz zu begegnen, und dafür gab es keinen Platz mehr. Männer und Väter waren abwesend durch ihre Kriegstraumata, später abwesend durch ihre Arbeit, abwesend durch Scheidungen, Zweit- oder Drittfamilien. Ihre männlichen Kinder, die nach dem Krieg geborenen wurden, hatten keine männliche Quelle, auf die sie sich beziehen konnten. Sie wurden von ihren Vätern nicht in die Männergesellschaft eingeführt, was bedeutet Mann sein, wie binde ich meine Krawatte, wie verbinde ich mich mit anderen Männern, wie bleibe ich in Ver-Bindung?

Ich beobachte eine deutliche Veränderung im sozialen Verhalten in der Generation der jetzigen 20-, 30-Jährigen. Vielleicht ein bewusster Versuch, eine emotionale Tradition ihrer Väter unterbrechen zu wollen, indem sie eine präsente Bindung vorgelebt haben.

Lässt sich klassifizieren, in welchen Lebensphasen Freundschaften für unsere Psyche besonders wichtig sind?

Auf jeden Fall! Grundlegend wichtig ist jede Form von Sozialisierung abseits des Familiensystems. Von den ersten Kindergruppen, zur Schulzeit bis hin zu den drauffolgenden Ausbildungsjahren. Von Bedeutung ist sicher der erste Kontakt mit der Außenwelt als Kleinkind, sich zu entfernen vom „sicheren Ort". Als entscheidend sehe ich hier zwei Phasen: zuerst die Adoleszenz, in der die Ich-Werdung stattfindet, in der man Freundschaften schließt und wieder auseinandergeht, in der man sich gegenseitig Anerkennung und Erkennung schenkt. Die zweite wesentliche Phase ist das junge Erwachsenenalter, also vielleicht die Studienzeit, das ist die zweite Ich-Werdung. Hier entwickeln sich Freundschaften, in denen wir uns unterstützen und uns gegenseitig im Leben weiterhelfen. Und die dritte einschneidende Phase betrifft Frauen, es ist die Zeit der Schwangerschaft und des Mutterwerdens. Es ist, als ob sie eine andere Sphäre, um nicht zu sagen, einen anderen Planeten betreten. Oft entstehen in dieser Phase Freundschaften zwischen jungen Müttern, die durch diese prägende Zeit ihrer Ich-Werdung gehen.

Apropos prägend: Wie lange wird es Ihrer Meinung nach durch die Pandemie noch derart massive Auswirkungen auf die psychische Gesundheit geben wie derzeit, drei Jahre nach den ersten Lockdowns?

Ich fürchte, noch lange. Ich vergleiche die Zeit der Pandemie gerne damit, wie wenn man einen Stecker aus der Steckdose ziehen muss und danach wieder hineinstecken. Manche fanden die Steckdose nicht mehr nach diesem inneren und äußeren emotionalen Cut. Die Außenwelt verlor an Gültigkeit und die innere Welt reichte oft

nicht aus, um die notwendige Stabilität zu geben. Wir alle kennen aus der Geschichte die Abkürzung a. C. für ante Christum und p. C. für post Christum – absurderweise dieselben Initialen wie ante Coronam und post Coronam. Und das trifft auch absolut zu. Was die Psyche betrifft, gibt es ein Davor und ein Danach. Im ersten Kindergartenjahr oder Volksschuljahr beispielsweise mussten Kinder mehrere Anläufe nehmen, um sich in die Gruppe einzufügen, dort Freundschaften zu knüpfen. Der häufige Lockdown-on und Lockdown-off bedeutete für sie, dass sie sich kaum in einer Gruppe eingewöhnt hatten, wieder an das Leben nur zu Hause gewöhnen mussten und als sie dann wieder in den Kindergarten durften, war viel Zeit vergangen und sie selbst und die anderen Kinder waren andere geworden und mussten von vorne beginnen. In dieser On-off-Situation entstand eine Bindung der Unzuverlässigkeit, des Misstrauens, der Unterbrechungen, des Rückzugs.
Erwachsene waren plötzlich auf sich gestellt, mit der eigenen Gefühlswelt konfrontiert, förmlich zu einer Zeit des Nachdenkens gezwungen. Eine epochale Zeit der Klarheit, die kompromisslos aufzeigte, was es gab und was fehlte, für manche auf jeden Fall zu viel. Jugendliche mussten sich in die artifizielle Welt des Internets begeben, diese wurde ihr Zugang zur Außenwelt, zur Schule, zu FreundInnen. Social Media dienten als Freundschaftsinitiator, aber führten zugleich zur Entfremdung. Eigentlich zur eigenen Entfremdung. Inklusion, Zusammenhalt, Spannung, Spaltung, Trennung – diese Wellen an Gefühlen zwangen jeden Einzelnen zu einer sowohl inneren als auch äußeren Wertumstellung sowie einer anderen Betrachtung der Welt.

Gibt es Menschen, die zu Ihnen kommen, weil sie zerbrochene Freundschaften derart belasten, oder ist das eher ein Nebenthema in Psychotherapien?

Nein, das ist absolut ein Hauptthema, weil es ja um Bindung geht, und alles ist Bindung. Worunter Menschen am meisten leiden, sind plötzlich abgebrochene Bindungen, Freundschaften ohne eine für

sie nachvollziehbare Begründung, ohne eine Aus-Sprache. Das gibt es gar nicht so selten, dass Menschen plötzlich verschwinden, Bündnisse werden gecuttet. Wer sich so aus Freundschaften verabschiedet, hat aus psychotherapeutischer Sicht meist ein Thema mit der Bindung zu sich selbst. Es handelt sich oft um erlebte und nicht integrierte Verletzungen in früheren Lebensphasen.
Gesehen und wahrgenommen werden, erkannt und anerkannt sein, ernst genommen zu werden, sich selbst nicht ernst zu nehmen. Und wer sich selbst nicht ernst nimmt, kann auch andere nicht ernst nehmen. Egal, ob es eine freundschaftliche oder eine Liebesbindung ist, wichtig ist das Halten, das das Raumgeben, das Wichtignehmen. Freundschaft ist die Schwester der Liebe, wie eine Freundin von mir so schön formuliert hat.

Unterschied Freundschaft – Liebesbeziehung

Wobei wir bei einem weiteren wichtigen Aspekt wären, wenn es um Freundschaft geht – wo sieht die Psychologie die Grenze, wo den Unterschied zwischen einer Liebes- und einer Freundschaftsbeziehung?

Die Liebe ist der Überbegriff und Freundschaft ist für mich die Basis, das Fundament. Und dann gibt es Stockwerke und eines der Stockwerke ist die sexuelle, die erotische Liebe, die kommt und auch wieder geht. Es gibt Menschen, die treffen sich in der Erotik, schaffen es aber nicht, die Beziehung auf dieser Ebene zu halten, warum auch immer. Immer wieder schildern mir Klientinnen, dass sie, wenn es auf der erotischen Ebene nicht funktioniert, gerne wieder einen Stock hinunter gingen und mit der Person in Freundschaft blieben. Ich empfinde das als psychisch sehr gesund. Allerdings erlebe ich oft, dass Männer wesentlich seltener als Frauen wollen, dass eine Liebesbeziehung in eine Freundschaft übergeht. Sexualität ist ein Teil der Bindung, die Freundschaft ist die Basis. Welche Form der Bindung Menschen miteinander eingehen, ist ein schmaler Grat.

Wie schwierig ist demnach eine platonische Freundschaft?

Das ist eine interessante Frage, die ich mir privat auch schon oft gestellt habe und die ich bei meinen KlientInnen beobachte. Bei jeder Begegnung zwischen Menschen ist Eros immer mit dabei, Sexualität ist die stärkste Energie überhaupt. Und es gibt in jeder zwischenmenschlichen Beziehung eine Anziehung und eine erotische Komponente. Die Frage ist nur, ob diese bewusst wahrgenommen wird, von beiden, von keinem oder nur von einem. Und die Frage ist auch, wie wir mit dieser Energie umgehen, ob wir dem Eros im Bett nachgehen und/oder ob wir sie umwandeln und eben „nur" FreundInnen werden und/oder bleiben.

Für Freundschaft gib es unzählige Definitionen, wie würden sie als Psychotherapeutin Freundschaft beschreiben?

In Vorbereitung auf unser Gespräch habe ich verschiedene Menschen in meiner Umgebung gefragt, was sie unter Freundschaft verstehen. Die meisten meinten, Freundschaft bedeute Vertrauen, sich verlassen können, sich verbunden fühlen. Die von mir Befragten nannten Stichwörter wie Dankbarkeit, Zuhören, Respekt, Erinnerungen, Wertschätzung, Dauer, Nähe und geben, geben, geben. Oder eine Freundin von mir meinte, Freundschaft sei wie eine warme Decke, die uns umhüllt. All das untermauert, was ich vorhin mit Bindung und der Basis aller Beziehungen gemeint habe. Freundschaft ist im psychotherapeutischen Sinne eine sogenannte Werdung, sie beruht auf Respekt, Emotionen und Anerkennung. All das hilft Menschen, ihre eigene Identität zu entwickeln.

Freundschaften halten jung und gesund

Und wie sieht das im Alter aus? Oft ist davon zu lesen, dass Freundschaft in den letzten Lebensjahren besonders wichtig für unsere physische und psychische Gesundheit ist.

Auch das ist kulturell verschieden. In der hiesigen Kultur sind Menschen eher freundschaftsscheu und das verstärkt sich meist im Alter und das ist nicht gesund. Haben sie schon von den sogenannten „blauen Zonen" gehört? Weltweit gibt es fünf solcher „blauen Zonen", das sind Regionen, in denen die Menschen wesentlich länger als im weltweiten Durchschnitt leben. Diese fünf Regionen liegen in Japan, Costa Rica, Griechenland, Kalifornien und in meiner Heimat Sardinien. Als ich das erste Mal davon las, war ich sehr kritisch und hinterfragte, wie man auf diese Zonen gekommen sei.
In diesen fünf Zonen gibt es überdurchschnittlich viele Menschen, die über 100 Jahre alt werden, und man stellte fest, dass neben Ernährung und Bewegung ein wesentlicher Faktor das soziale Gefüge ist. Und wenn wir uns Mittelsardinien ansehen, wo genau eine dieser „blaue Zonen" liegt, sehen wir Dörfer, in denen die Häuser besonders eng aneinandergebaut sind.
Das bedeutet, die Menschen in diesen Dörfern haben immer engen Kontakt zu den anderen. Sozialgefüge bedeutet ja nichts anderes als: Man spricht und lacht regelmäßig mit den anderen, man geht aus dem Haus oder der Wohnung, man nimmt nicht virtuell, sondern richtig Kontakt zueinander auf. Man pflegt Kontakt mit Familienmitgliedern, Kollegen und Freunden. Und das alles wiederum bedeutet, dass der Körper Oxytocin ausschüttet, das nicht umsonst auch als das Kuschelhormon bezeichnet wird. Ausgelöst durch angenehme Sinneswahrnehmungen entfaltet sich seine Wirkung in unserem Körper: Es reduziert Stress, aktiviert das Belohnungssystem und sorgt somit für mehr Wohlbefinden. Insofern kann ich diese „blaue Zonen" gut nachvollziehen. Die goldene Regel der Langlebigkeit und des Gesundseins ist, in Kontakt zu bleiben und Freundschaften zu pflegen. Lachen ist dabei auch ganz wichtig. In einer Freundschaft zu sein, bedeutet, am Leben zu sein. Jemand mag mich, ich werde gesehen, also gibt es mich.

Lässt man sich all diese Gedanken zu Freundschaft und Psyche noch einmal durch den Kopf gehen, wundert es wenig, dass durch die Pandemie psychische Krankheiten massiv zugenommen haben und dass es leider nicht alle Menschen schaffen, wieder ihr seelisches Gleichgewicht zu finden. Zum Glück gibt es nur ganz wenige Menschen, die wirklich gar keine Freunde haben und wie in einigen der Freundschaftsgeschichten in diesem Buch zu lesen ist, hat die Pandemie einige auch freundschaftlich enger zusammengeschweißt als zuvor.

Fast alle, die ich für dieses Buch interviewt habe, sind aber davon überzeugt, dass man im Leben nur wenige, etwa zwei bis drei, wirklich enge FreundInnen haben könne. Ein Faktum, dem die Psychotherapeutin Cristina Budroni massiv widerspricht. Aber das liegt wohl vor allem daran, dass die gebürtige Italienerin hier einen kulturell anderen Zugang hat als wir „Nordländer“.

Alain Weissgerber & Michael Lentsch

VOM GAST ZUM FREUND

Stammgäste sind im Restaurant von Alain Weissgerber keine Seltenheit. Dass Gäste aber regelmäßig fast jeden Freitag und Samstag ins burgenländische Schützen am Gebirge kommen, um sich kulinarisch verwöhnen zu lassen, ist außergewöhnlich. So außergewöhnlich, dass es selbst den Spitzenkoch, der ja weit weniger direkt mit den Gästen zu tun hat als seine Frau Barbara oder das Servicepersonal, so beschäftigte, dass er irgendwann wissen wollte: „Wer ist eigentlich dieser Doktor Lentsch, der Woche für Woche mit seiner Frau am Haustisch sitzt?" Und so gesellte er sich eines Abends zu seinen Gästen, nicht um – wie normalerweise – kurz im Stehen ein paar Worte zu wechseln, nein, der Taubenkobel-Chef setzte sich zu Michael Lentsch an den Tisch. „Und so hat alles begonnen", erzählt Alain, als wir mit seinem Freund an einem warmen Sommertag im wunderbaren Garten seines Lokals über die Freundschaft zwischen den beiden Männern sprechen.

„Ich setze mich eigentlich prinzipiell nicht zu Gästen. Michael und seine Frau waren aber so oft bei uns in der Greißlerei, also in unserem Bistro, wo es ja insgesamt legerer zugeht als drüben im Restaurant, dass ich irgendwann wirklich wissen wollte, wer sie sind." Und so kamen die beiden ins Reden. Alain Weissgerber, einer der besten Köche Österreichs, und Michael Lentsch, auf Insolvenzrecht spezialisierter Anwalt aus Wiener Neustadt. „Unsere Freundschaft ist langsam gewachsen. Das war nicht *love at first sight*. Das war ein jahrelanger Prozess", meint der Jurist und erzählt, dass die beiden seit inzwischen fast zehn Jahren sehr eng befreundet sind.

Wobei sie die Pandemie definitiv noch enger zusammengebracht habe, auch weil beide durch die erzwungene Vollbremsung ihres durchgetakteten Lebens auf einmal etwas mehr private Zeit hatten. „Als Gastronom ist es wirklich schwierig, Freundschaften zu pflegen. Ich arbeite immer am Wochenende, wenn die anderen frei haben. Und wenn du dann aus beruflichen Gründen immer wieder Einladungen ablehnen musst, dann rufen dich die Leute irgendwann nicht mehr an. Wenn man Gastronom ist, kennt man sehr viele Menschen und viele glauben, dass man mit denen auch befreundet ist, aber die meisten sind Bekannte, bei einer wirklichen Freundschaft sieht das ganz anders aus. Ich habe auch viel zu wenig Zeit, um Freundschaften zu pflegen. Die wenige Zeit, die mir bleibt, gehört meiner Familie! Eine Freundschaft wie mit Michael ist für mich etwas ganz Besonderes", erklärt der in Straßburg aufgewachsene Starkoch, um hinzuzufügen: „Ich komme aus Frankreich. Meinen besten Freund habe ich mit 20 Jahren verloren, als er bei einem Autounfall ums Leben kam. Auch mein zweitbester Freund aus meiner Jugend ist bereits gestorben. Mit 17 Jahren ging ich von zu Hause weg, um in den besten Restaurants Europas meinen Beruf zu lernen, ich war sehr viel unterwegs in meinem Leben, das ist auch nicht gerade förderlich für Freundschaften."

Auch der zweifache Familienvater Dr. Michael Lentsch, Partner in einer großen auf Wirtschaftsrecht spezialisierten Kanzlei mit Sitz in Wiener Neustadt, Wien, Gießhübl und Eisenstadt hat normalerweise einen prall gefüllten Terminkalender. Mit dem ersten Lockdown sah auch sein Lebensrhythmus plötzlich ganz anders aus. Seine geliebten Abende im Taubenkobel waren auch nicht mehr möglich, da Restaurants ja geschlossen bleiben mussten. „Wir konnten die Greißlerei aber Freitag, Samstag und Sonntag wie einen Shop öffnen, verkauften Essen *to go*, also zum Mitnehmen. Um 18 Uhr mussten wir zusperren. Und dann konnten wir uns mit viel Abstand im Garten zusammensetzen. Michael, seine

Ihre Freundschaft trug sie durch schwierige Zeiten

Frau Petra, meine Frau Barbara und ich. Als die Regeln lockerer wurden, kamen manchmal auch andere Freunde dazu." Dabei unterhielt man sich natürlich auch über die Sorgen, die diese Zeit dem Gastronomie-Unternehmer brachte.

Pandemie gab einen Kick

„Wir waren ja alle zu Hause eingesperrt. Alain und Barbara mussten ihren Betrieb de facto schließen, sie machten sich natürlich besonders viele Gedanken, wie das alles weitergehen würde", erinnert sich der Anwalt, der auch meint, dass diese Zeit und die damals tiefgehenden Gespräche ihrer Freundschaft „einen Kick" gegeben hätten. „Nach und nach sprachen wir immer mehr über wirklich persönliche Dinge, irgendwann gesellten sich auch unsere Kinder dazu. Und dann, als wir endlich wieder ein wenig reisen durften, waren wir in Barcelona. Und plötzlich standen Barbara und Alain neben uns und sagen: ‚Hallo?!' Das war großartig! Wir verbrachten dann zwei tolle Tage miteinander und das Schöne war und ist, dass sich unsere Frauen auch so gut verstehen und inzwischen auch sehr befreundet sind." Insgesamt, meint Michael, habe ihn diese Freundschaft „durch die Pandemie getragen". „Das war für uns alle eine prägende Zeit. Es passierten so viele Dinge, von denen wir vorher nie dachten, dass sie passieren würden", fügt Alain hinzu, „und es gehört wirklich zu unserer Freundschaftsgeschichte, dass wir dann alle gemeinsam impfen gingen, sobald es ging. Wir haben uns gemeinsam darum bemüht, Impfungen zu bekommen. Da wurde durchgezählt: Wie viele sind wir Erwachsenen, wie viele Kinder und danach noch welche engsten MitarbeiterInnen brauchen am dringendsten eine Impfung? Es war ja anfangs nicht leicht, überhaupt an Impfungen zu kommen", erinnert sich der Schwiegersohn von Eveline und Walter Eselböck, die 1984 den Taubenkobel eröffneten und die zu den legendärsten Gastgebern Österreichs zählen.

Alain Weissgerber kam 1989 nach Österreich, arbeitete zunächst im Wiener Gourmettempel Steirereck, dann in der Blauen Gans in Weiden am Neusiedler See. „Ich bin wegen einer Frau nach Österreich gekommen und wegen einer anderen geblieben“, schmunzelt der Schwiegersohn von Eveline und Walter Eselböck, von denen er den Taubenkobel, der auch 2023 wieder zu den besten Restaurants gekürt wurde, inzwischen gemeinsam mit seiner Frau Barbara übernommen hat. Als 15-Jähriger interessierte sich Alain für zwei Berufe: Bäcker oder Koch. Ausschlag für die Kochlehre gab für den Enkel einer Köchin schließlich die noch schwierigere Arbeitszeit von Bäckern, die aufstehen müssen, wenn die anderen schlafen gehen.

„Meine Freundschaft mit Alain ist anders als meine anderen Freundschaften, da haben die meisten einen ähnlichen Lebensweg oder ein ähnliches Umfeld wie ich“, meint Anwalt Michael Lentsch. „Wir hätten uns als Jugendliche nicht kennengelernt und schon gar nicht befreundet“, attestiert ihm der Spitzenkoch. „Ich habe eine Lehre gemacht. Er hat studiert. Das sind in diesem Alter wirklich andere Welten. Aber jetzt, am Ende des Tages, sind wir beide sehr erfolgreich. Unsere Lebensgeschichten sind sehr unterschiedlich, aber wir verstehen uns wirklich sehr, sehr gut.“ Dass sie einander erst als Erwachsene, als über 40-jährige Männer kennenlernten, sei auch prägend für ihre Männerfreundschaft. „Wir waren beide schon beruflich gesettelt. Hatten diese Sturm- und Drangzeit schon hinter uns, die in Bubenfreundschaften oft sehr wichtig ist“, freut sich Michael, der sich erinnert, wie wichtig das miteinander Konkurrieren in Freundschaften war, als er jung war.

Männerfreundschaften …

„Wer kann besser Ski fahren, wer kann besser Fußball spielen? Natürlich spielte das eine Rolle.“ „Ja klar, ist das ein Thema in

Männerfreundschaften", stimmt Alain zu, „in Österreich aber noch viel mehr als in Frankreich!". „Außerdem kommt in vielen beruflichen Freundschaften oft auch der Neid ins Spiel. Wirkliche Freundschaften sind das natürlich nicht. Aber wie gesagt: Ich habe wirklich nur ganz wenige Freunde." Als die beiden Männer miteinander immer mehr ins Gespräch kamen, empfanden es beide als Erleichterung, dass dieses unter erfolgreichen Menschen oft mitschwingende Konkurrenz-Gehabe nie eine Rolle spielte. „Es wäre ja auch völlig sinnlos gewesen, weil wir aus derart unterschiedlichen Richtungen kommen. Was soll ich Alain beim Kochen beweisen oder er mir in der Juristerei erklären?", lacht Michael, der selbst gerne kocht und der auch kein Problem damit hat, seinen Freund, den Küchenchef des berühmten Taubenkobel zu bewirten. „Ja, ich habe für ihn gekocht und er hat es auch gegessen. Ich weiß aber nicht, wie gut es ihm geschmeckt hat", kokettiert der Freund des Koches, der wiederum lachend ein neckisches „Er war sehr gut organisiert", entgegnet. Und der Anwalt fährt fort: „Ich grille um tausend Grad besser, seitdem mir Alain einmal dabei zugeschaut und den einen oder anderen Tipp dazu gegeben hat. Ich bin natürlich Millionen Kilometer davon entfernt, was er auf einem Grill zaubern kann. Aber immerhin, meine Frau mag es inzwischen, wenn ich den Griller anwerfe", lacht er.

Wie viel verrät der Spitzenkoch seinem Freund von seinen Küchengeheimnissen? „Also, alle", antwortet dieser ganz schnell, „Ich will ja auch gut essen, wenn ich zu ihm komme", witzelt Alain und sein Freund meint weiter: „Wenn Alain seine Geheimnisse preisgibt, dann bedeutet das noch lange nicht, dass man das selbst so gut hinkriegt. Abgesehen von seiner Genialität – weghören, Alain, jetzt wird es kitschig – also abgesehen von seiner Genialität ist natürlich auch viel Handwerk dabei, das ich nicht beherrsche", meint Michael, der einmal zu seinem Geburtstag von seinem Freund einen Tag in der Küche geschenkt bekam. Ein einmaliges Erlebnis. „Es war ein besonders schöner Spätherbsttag, zwischen zwei Lockdowns. Und es war sensationell! Ich war unglaublich davon fasziniert, wie so eine Profiküche funktioniert, wie die Abläufe sind, wie das Werkl rennt", schwärmt der erfolgreiche Anwalt von seinem Tag als Küchengehilfe.

„In der Früh wurde ich dazu eingeteilt, Artischockenblätter zu rollen, also was ein Lehrling halt so tun darf in einer Küche, die Tag für Tag Spitzenqualität produzieren muss. Gegen Mittag ging es dann los mit dem Stress, ich glaube es musste ein Tisch mit acht Personen bekocht werden und dann kam ein irres Tempo in die Küchenarbeit, manchmal dachte ich, die rennen jetzt alle ineinander. Aber alles funktionierte wie am Schnürchen, ich war sehr beeindruckt und es hat auch unglaublich Spaß gemacht", erinnert er sich an seinen Blick hinter die Kulissen. „Ich glaube, es ist auch wichtig zu wissen, was und wie der andere arbeitet, um einander besser zu verstehen. Ich kenne mich zwar juristisch nicht aus, aber ich kann mir schon vorstellen, wie Michael arbeitet. Ich komme ja auch immer wieder mit Fragen zu ihm oder bitte ihn, Verträge für mich zu bearbeiten, da bekommt man auch einen gewissen Einblick in seine Welt", meint Weissgerber und erzählt, dass er bei seiner Arbeit „keine Kompromisse" eingehe und dass das mit den Jahren „immer ärger" werde.

In der Spitzengastronomie ganz vorne mit dabei zu sein bedeutet auch, immer unter Druck zu stehen, immer Bestleistung erbringen zu müssen, da müsse man auch von seinem Team viel abverlangen, nicht nur von sich selbst. Und wie kompromissfähig ist er dann in Freundschaften? „Prinzipiell ist das bei mir so: Es gibt Leute, mit denen ich kann, und Leute, mit denen ich nicht kann. Natürlich bin ich trotzdem freundlich, trinke mit ihnen auch mal ein Glas Wein oder Kaffee. Aber ich muss ja auch nichts erzwingen", schildert Alain, der wenn er mit jemandem befreundet ist, natürlich schon Kompromisse eingeht. „Natürlich gibt es in einer Freundschaft manchmal auch Kompromisse. Aber das gehört dazu, darüber muss ich nicht extra nachdenken." Und Michael ergänzt: „Meiner Meinung nach ist ein großer Teil von Freundschaft, dass man auf den anderen eingeht. Kompromisse gehören zu jeder zwischenmenschlichen Beziehung, die funktionieren soll."

Weder er noch sein Freund können sich an einen „dogmatischen Streit" erinnern, außer wenn es um Fußball geht, da hätten sie absolut unterschiedliche Ansichten, erzählen sie lachend und kommen noch einmal darauf zu sprechen, warum sich eine Freundschaft, die erst im Erwachsenenalter beginnt, sich ihrer Meinung nach grundlegend von Freundschaften seit dem Kindesalter unterscheide. „Als Jugendlicher machst du jeden Blödsinn miteinander. Außer der Arbeit hat man noch keine anderen Verpflichtungen, wie später dann mit Familie. Mein bester Freund war Automechaniker, jeden Abend, den ich frei hatte, haben wir einander getroffen und irgendetwas miteinander unternommen. Wenn man sich später im Leben trifft, dann hat jeder ja schon sein Leben, man hat weniger Zeit. Ich glaube, die Jugendfreundschaft und eine Freundschaft, die erst im Erwachsenenleben beginnt, sind wirklich zwei Paar Schuhe! Als Jugendlicher ist einem die Freundschaft das Wichtigste, erst danach kommt die Familie. Aber wenn du älter bist, selbst eine Familie gründest, dann wendet sich das Blatt", meint der dreifache Familienvater Alain Weissgerber, der fest in der Familie seiner Frau verankert ist.

In schweren Zeiten zusammenhalten

„Meine Freundschaft mit Michael hat sich längst in unser familiäres Leben integriert." Und sein Freund stimmt ihm zu. „Meine Frau und ich wurden wirklich in die Familie aufgenommen. Von euren Kindern, über deine Schwägerin und ihre Familie bis zu Eveline und Walter. Das ist für mich ein Glück, etwas Besonderes.

Vor allem auch, dass sich unsere Frauen so gut verstehen, das ist wirklich extrem schön." Als Michaels Frau Petra vor zwei Jahren mit der Diagnose Brustkrebs konfrontiert war, war der Rückhalt der Freunde ganz besonders wichtig. „Zum Glück ist meine Frau wieder gesund", erzählt dieser erleichtert, „Aber ich weiß nicht, wie wir diese schwere Zeit ohne unsere Freunde ausgehalten hätten, das Zusammenhalten, eure Empathie waren unglaublich wertvoll für uns. Es hätte ja auch sein können, dass Freunde sagen, das sei ihnen zu anstrengend. Operation, Chemotherapie, vor allem die ersten zwei, drei Monate, bevor alles wieder ins Positive drehte, waren mehr als hart."

„Es war für uns alle sehr bedrückend. Wir haben alle versucht, irgendwie zu helfen. Wir kennen einige Ärzte und wir wollten gute ZuhörerInnen für unsere Freunde sein. Aber in so einer Situation weiß man nicht immer, was jetzt die beste Hilfe wäre. Was soll ich jetzt sagen? Soll ich sie besuchen oder besser nicht? Viele oft schwer zu beantwortende Fragen quälten uns alle. Das war natürlich anstrengend und leider denke ich, dass sich viele Menschen in solchen Situationen auch von Freunden abwenden, sich umdrehen. Auch weil sie sich nicht trauen, sich den Themen zu stellen", meint Alain. Einem Menschen zuzuhören und zuschauen zu müssen, wenn es ihm schlecht geht, sei wirklich eine schwere Aufgabe, meint auch Michael und beide sind unendlich froh, dass diese Periode hinter ihnen allen liegt. „Die Freundinnen meiner Frau haben ihr das Leben gerettet, sage ich immer und ich glaube, das stimmt auch."

Gut gegessen und getrunken wurde aber auch in dieser schweren Zeit, in der die Gemeinsamkeit besonders wichtig war. Anders als ihre Frauen, die sich regelmäßig telefonisch darüber austauschten, wie es ihnen geht, verabreden sich die beiden Männer lieber zum Sport. „Wir gehen gerne Radfahren miteinander. Aber uns anrufen und uns einfach nur fragen, wie es uns geht, das gibt's bei uns nicht", schmunzeln der Koch und der Anwalt, die sich dessen bewusst sind, welches Klischee sie und ihre Frauen damit erfüllen. Meistens treffen sich die Freunde aber soundso zu viert, ganz klassisch als Paare. Auch von Ratschlägen unter Freunden halten beide nicht sehr viel. „Ich brauche Alain nichts zu erklären. Wenn er glaubt, er will meine Meinung hören, dann fragt er eh“, ist sich Michael sicher und stößt damit auf absolute Zustimmung: „Es gibt Leute, die wollen einem dauernd erklären, wie das Leben funktioniert und wie es bei dir funktionieren sollte oder könnte, obwohl sie keine Ahnung davon haben“, meint der professionelle Gastgeber und man hört durch, wie sehr ihn so etwas nervt. Nach mehr als 30 Jahren Selbstständigkeit im Gastgewerbe könnte er wohl viele Geschichte über Menschen erzählen, die Grenzen überschreiten, was er natürlich nie tun würde.

Insgesamt sei das Miteinander in der letzten Zeit rauer geworden, bedauern beide. „Auch wenn das möglicherweise plattitüdenhaft klingt, ist meine Wahrnehmung, dass die Menschen in den letzten paar Jahren tatsächlich viel schneller genervt sind und auch schneller die Nerven verlieren. Mir kommt auch vor, dass die Bereitschaft zu Aggression gestiegen ist.

Ich bin immer wieder überrascht, wie schnell Menschen ohne wirklichen Grund auszucken. Sie kennen sicher den Witz, wo einer im Auto sitzt und im Verkehrsfunk eine Geisterfahrerwarnung hört und dann sagt er: ‚Was heißt hier Achtung Geisterfahrer? Was heißt einer? Hunderte!‘ Man kann nicht immer mit dem Finger auf die anderen zeigen, man muss auch fähig dazu sein, Fehler bei sich selbst zu suchen“, meint der Anwalt, der in seiner Arbeit immer wieder damit konfrontiert ist, wie sich in wirtschaftlichen Existenzfragen immer wieder Abgründe auftäten. „Ich versuche natürlich immer eine professionelle Distanz zu halten, aber da geht es oft um Schicksale und das berührt einen dann schon. Ich sage immer: Es gibt nichts, was ich noch nicht gesehen habe, und dann passiert doch immer wieder etwas Neues“, so der auf Insolvenzen spezialisierte Jurist.

„Wenn du im Gastgewerbe arbeitest, dann bekommst du Sachen mit, die du gar nicht mitbekommen willst", schildert Weissgerber eine diesbezügliche Parallelität in seiner Arbeitswelt. „Da ich meist in der Küche stehe, bekomme ich nicht immer alles mit, da ist meine Frau Barbara viel näher dran. Aber ich habe eine wirklich gute Menschenkenntnis. Wenn zwei Menschen miteinander unser Restaurant betreten, dann sehe ich sofort, wie es gerade zwischen denen läuft oder ob es eben nicht läuft. Dafür entwickelt man ein gutes Gespür. Das Schöne an meinem Job ist, dass kein Tag dem anderen gleicht. Es passiert immer etwas anderes. Es kommen immer andere Leute."

In den Taubenkobel kommen seit jeher viele besonders interessante Menschen wie Künstler, Intellektuelle, manchmal auch weltberühmte Spitzensportler oder Menschen, die man nur aus der Promi-Berichterstattung kennt. Die meisten von ihnen werden im besten Fall Bekannte von Alain Weissgerber, ganz anders als die Geschichte mit einem gewissen Dr. Lentsch.

Seit über 50 Jahren beste Freundinnen

Hannah Lessing & Michaela Ernst

NUR WIR ZWEI

„53 Jahre haben wir einander gestützt, gestärkt und begleitet, durch Höhen und Tiefen unserer beider Leben. Du bist immer für mich da, meine beste Freundin." So klingt das, wenn sich Hannah Lessing mit einem Facebook-Posting bei ihrer besten, langjährigen Freundin Michaela Ernst für einen schönen gemeinsamen Geburtstagsabend bedankt. Eine Liebeserklärung an jene Freundin, mit der sie seit der Volksschulzeit gemeinsam durch das Leben geht, obwohl es im Leben der beiden Frauen sonst wenige Überschneidungen gibt: kein gemeinsamer Freundeskreis, keine gemeinsamen Paarurlaube, stattdessen eine ganz intensive und exklusive Freundschaft ein Leben lang.

„Wenn ich mir die Fotos von damals in der Volksschule anschaue, dann waren wir beide zwei ziemlich verlorene Wesen", meint Hannah, „und ich glaube, ich wollte ihr einfach nahe sein in dieser Verletzlichkeit, die wir als kleine Mädchen hatten." Damals, das war 1969, als die beiden mit der „Maternelle", also der Volksschule am Lycée Français im 9. Bezirk in Wien, begannen, in die sie aus unterschiedlichen Gründen von ihren Eltern geschickt wurden. „Meine Eltern arbeiteten gemeinsam im Familienbetrieb. Ihnen war wichtig, dass ich den ganzen Tag unter Aufsicht bin und möglichst spät am Nachmittag nach Hause komme. Das Lycée war gleich ums Eck von der Firma meines Vaters und es war damals noch nicht so teuer wie heute. Es bot vielen berufstätigen Eltern eine sinnvolle Lösung", erzählt Michaela.

So war es auch für Hannahs Eltern, die ihre Kinder aber vor allem in eine internationale Schule schicken wollten. „Mein Vater kam aus der Emigration nach Wien zurück, wollte eigentlich gleich nach Frankreich weiter, aber er lernte meine Mutter kennen und blieb hier. Wobei meine Eltern zuerst vier Jahre in Paris, dann in Genf und in New York lebten, bevor wir Kinder kamen. Mein Vater war Fotograf und meine Mutter Journalistin, beide waren berufstätig und daher war so wie bei Michi das Lycée eine ideale Lösung als Ganztagsschule, wo es noch dazu Deutsch als erste Fremdsprache und Französisch als Hauptsprache gab. Wir sollten so viele Fremdsprachen lernen wie möglich.

Hannahs Vater war der Fotograf Erich Lessing, der nicht zuletzt mit seinem legendären Staatsvertragsfoto von Leopold Figl, wie er im Kreis der alliierten Außenminister vom Balkon des Belvederes aus den Österreichern den Staatsvertrag zeigt, berühmt wurde. Als sich Hannahs Eltern kennenlernten, arbeitete ihre Mutter für die Associated Press und war später als Korrespondentin für das „Time"-Magazin international unterwegs. „Meine Eltern haben deine Eltern sehr geschätzt", erzählt Michaela. „Für mich war es immer etwas Besonderes, bei Hannah zu sein, die übrigens meine einzige Freundin war, bei der ich auch übernachten durfte. Ich kann mich gut erinnern, wie Hugo Portisch bei euch zu Hause war und auch Alfons Dalma, Fritz Molden oder Otto Schulmeister. Aus meiner späteren Erwachsenensicht habe ich erst begriffen, welch interessante Konstellationen da bei euch zu Hause stattgefunden haben. Aber schon als Kind und Jugendliche fand ich es sehr aufregend bei Hannah. Da wurde über Politik debattiert, es trafen einander Menschen, die intensiv die Welt bereisten, für mich war das eine andere, neue Welt, in der ich mich gern aufhielt" – ein bisschen auch ein Gegenpol zu Michaelas Welt, in der es sehr stark um Leistung und Erfolge ging.

Als Volksschulkind startete sie oft „aus Angst zu versagen, völlig fertig mit den Nerven" in den Tag und weinte, sobald sie die Schule betrat. „Ich hatte gegenüber Michi immer einen unglaublichen Beschützerinstinkt. Was du da erzählst, erklärt mir jetzt im Nachhinein, warum ich uns als kleine Mädchen als verlorene, verletzliche Wesen beschrieben habe, als mich Birgit für dieses Buch nach einer ersten Erinnerung an dich gefragt hat. Ich habe deine Hand genommen und wollte sie einfach nicht mehr loslassen. Auch mir hat das ein Gefühl von Halt und eben auch Freundschaft gegeben", meint Hannah. Wobei sie auch noch eine andere prägende erste Erinnerung an ihre Freundin Michi hat: „Ich habe dich einfach schön gefunden. Ja, ich fand dich unglaublich schön. Ein wunderschönes Mädchen, das zugleich stark und zerbrechlich wirkte." „Lustig, dass du das so sagst", freut sich Michaela, „meine Eltern waren beide sehr attraktiv. Und als ich geboren wurde, sollen deren Freunde gesagt haben: ‚Wie ist das möglich, dass zwei so schöne Menschen so ein hässliches Kind bekommen?'" Beide Freundinnen schütteln den Kopf, lachen darüber aber auch sehr herzhaft.

Doch auch Hannahs Kindheit war nicht nur unbeschwert, denn auch sie hatte als Kind Probleme mit der Art, wie sie erzogen wurde. „Meine Eltern waren sehr mit sich selbst beschäftigt. *Self absorbed parents* könnte man sagen. Das bedeutete auch, dass ich eigentlich alles durfte. In meiner Jugend gab es dann nur eine Grenze: Solange ich pünktlich um ein Uhr nachts wieder den Schlüssel ins Schloss steckte, war alles okay. Das genaue Gegenteil davon, wie Michi aufwuchs. Natürlich wünschte ich mir nicht eine derart strenge Erziehung wie sie, aber ich hätte mir schon gewünscht, dass mir meine Eltern mehr Grenzen setzen, damit ich auch spüre, dass ich wahrgenommen werde. Dieses Gefühl konnte mir aber schon in der Volksschule Michi vermitteln."

Wichtige Stützen seit der Volksschulzeit

Michaela wiederum bezeichnet Hannah als „wichtige Stütze seit Kindheitstagen". Sie erinnert sich noch gut an den „tollen Directeur" des Lycée, der jeden Tag in der Halle wartete und schaute, wie es den Schülern ging, wenn sie in die Schule kamen. Ging es Michaela schlecht, rief er Hannah und schickte die beiden Freundinnen noch eine Stunde spazieren und entschuldigte beide bei den Lehrern. „Stimmt! Er hat mich aus der Klasse geholt und ich konnte zu Michi. Da waren wir so acht, neun, zehn Jahre alt. Also wirklich kleine Kinder noch. Ich weiß nicht mehr, worüber wir bei diesen Spaziergängen gesprochen haben, sicher nicht über unsere aktuellen Sorgen. Wir waren einfach zusammen und das hat auch mir eine große Stabilität gegeben, die ich zu Hause nicht empfunden habe“, erinnert sich Hannah, die am Lycée dafür bekannt war, ein besonders mutiges Mädchen zu sein.

„Im Nachhinein würde ich sagen, ich war einfach deppert“, lacht sie, „ja, ich war mutig, aber ich habe auch unglaublich viele Strafen bekommen.“ Vor allem von einer Lehrerin, die beiden Freundinnen in ihrer Erinnerung wie ein „richtiges Monster“ war. „Sie war eine richtige Prüglerin, die mit dem Lineal auf die Kinder einschlug. Unvorstellbar heute, aber so etwas hat es Anfang der 1970er-Jahre tatsächlich noch gegeben – und die meisten Erwachsenen fanden das ganz normal“, ergänzt Michaela.

Für die beiden Freundinnen war die Lehrerin wie eine gemeinsame Außenfeindin, die sie noch mehr zusammenschweißte, was aber nie bedeutete, dass Hannah und Michaela auch in ihrer Freizeit immer zusammen waren oder von klein auf einen gemeinsamen Freundeskreis aufgebaut hatten. Eher im Gegenteil: Obwohl sie in ihrer Jugend beide Leistungsturnerinnen waren, übten sie denselben Sport zwar im selben Turnverein, aber an unterschiedlichen Orten aus. „Du in der Billrothstraße, ich in der Porzellangasse“, wirft Hannah ein. Hannah. Wenn sie in der Schule aber gemeinsamen Turnunterricht hatten – was nicht immer der Fall war, weil sie nicht durchgehend in derselben Klasse waren –, zeigten sie sich aber gerne gegenseitig ihre neuesten sportlichen Errungenschaften. „Du konntest ganz tolle Dinge am Stufenbarren, die ich mich nie getraut hätte, ich hingegen war wirklich gut beim Bodenturnen und am Schwebebalken", meint Michaela zu ihrer Freundin. „Stimmt. Am Balken war ich wie ein Elefant", lacht diese. „Turnen war für uns beide eine Zeit lang sehr, sehr wichtig und wir konnten uns daran begeistern, was die jeweils andere besser konnte."

Doch so sehr die beiden miteinander verbunden waren, als sie langsam in das Ausgeh-Alter kamen, traten Hannah und Michaela nie als Team auf. Wobei man dazu sagen muss, dass Wien damals eine graue, eher verschlossene Stadt war, die jungen Menschen nur wenige Ausgehmöglichkeiten bot. „Interessanterweise hatten wir immer unterschiedliche Freundeskreise, gingen auch nur selten gemeinsam aus. Also keine Carrie Bradshaw und ihre Freundinnen", scherzt Hannah, die als Teenager Sängerin einer Band war. Wenn diese ab und zu Auftritte hatte, war Michaela meistens dabei. „Unsere Freundschaft war und blieb immer etwas Besonderes außerhalb aller anderen Freundschaften." Warum sich das so ergab, können sich die beiden nicht wirklich erklären, das war einfach so. Auch hätten sie sich nie gleichzeitig für einen Burschen interessiert. „Da sind wir uns nie in die Quere gekommen", lachen sie. „Die Burschen interessierten sich außerdem mehr für Michi. Ich war sehr viele Jahre Turnerin und eher burschikos. Außerdem war ich bekannt dafür, dass ich mich prügelte." Wie bitte? „Ja, ich habe mich immer wieder auch mit Mitschülern geprügelt und dann bei der jüdischen Hochschülerschaft gab es auch Prügeleien aus politischen Gründen", bestätigt Hannah ihre erstaunlichen Schilderungen von sich als Jugendliche.

Dass sie aus einer jüdischen Familie stammt, erfuhr Hannah Lessing erst, als sie schon ins Lycée ging, wo sie in ihrem Jahrgang das einzige Kind ohne religiöses Bekenntnis war. Als sie von ihrer Religionslehrerin aufgefordert wurde, so wie ihre Mitschüler auch zur Erstkommunion zu gehen und ihr diese ein kleines Kreuz mit nach Hause gab, erzählte ihr ihre Mutter erstmals, dass sie jüdischer Abstammung sei und ging mit ihren drei Kindern in die Kultusgemeinde, um zum Judentum überzutreten. „Ich komme, wenn man das so formulieren kann, aus einer zweigeteilten Familie. Mein Vater floh mit 16 Jahren vor den Nazis und emigrierte nach Haifa. Meine Mutter wiederum war im Krieg im Arbeitsdienst beim NS-Reichsstatthalter von Wien, Baldur von Schirach, zugeordnet, mit auch etwa 16 Jahren. Meine Mutter hatte es damit nicht leicht. Wahrscheinlich sei diese schwierige Lebensgeschichte auch ein Grund dafür gewesen, warum ihre Mutter zeitlebens eine „unterkühlte Person" gewesen sei, die ihre Kinder kaum in die Arme genommen hatte. Dieses Halten und Stärken gab ihr erst ihre Freundin Michi.

Ein Jahr Funkstille

Wobei es einmal zwischen den beiden besten Freundinnen eine Art Bruch gab. Nach Hannahs Matura – Michaela musste die Klasse wiederholen und „war total zurückgezogen" – ging sie ins Ausland. „Ein Jahr war vollkommene Funkstille zwischen uns", erinnern sie sich unisono. Michaela konzentrierte sich auf das Lernen, Hannah lebte in Israel in einem Kibbuz.

„Michi war auf einmal ganz abgetaucht, aber ich habe ihr das nie vorgeworfen. Es gibt eben auch Zeiten, in denen eine die Zeit ganz für sich selbst braucht. Deshalb verschwindet eine Freundschaft nicht. Als ich in Israel lebte, rief mich Michi dann zu meinem Geburtstag an, das war unglaublich schön. Wir haben sehr lange telefoniert", weiß Hannah heute noch. Und Michaela erinnert sich, wie die beiden Freundinnen begannen, über ihre jeweiligen Ideen für ihre Zukunft zu sprechen. Hannah studierte damals schon an der Wirtschaftsuniversität in Wien, Michaela interessierte sich schon länger dafür, Journalistin zu werden. „Deine Mutter hat mich immer sehr beeindruckt. Ich weiß noch genau, als sie zu uns in die Schule kam und in der Klasse über ihre Arbeit für das ‚Time'-Magazin erzählte. Da waren wir etwa zwölf Jahre alt. Damals beschloss ich, Journalistin zu werden." Und sie wurde es.

Lange Jahre lang war Michaela Ernst Lifestyle-, später Wirtschaftsjournalistin, Kolumnistin des „Kurier", Ressortleiterin bei „profil", Chefredakteurin bei „Falstaff" sowie einigen anderen Hochglanz-Magazinen. Sie ist Co-Autorin sowie Sachbuchautorin und engagiert sich seit Jahren als Gründerin der Initiative „Female Role Models" und Co-Gründerin des Wirtschaftsmagazins „Sheconomy" für Gendergerechtigkeit und Frauenpower in Wirtschaft und Technologie.

„Ich weiß, dass meine Mutter für Michi sehr wichtig war und dass sie sie sehr mochte. Das war für mich schön, weil meine Mutter und ich ein sehr schwieriges Verhältnis hatten", freut sich Hannah über die Inspiration, die ihre Mutter ihrer besten Freundin sein konnte. Dass Michaela in erster Ehe dann mit einem Fotografen verheiratet war, ist eine interessante Paralle zu Hannahs Eltern.

Wobei sich Michaela Ernst auch gut an die Extravaganz der Familie ihrer Schulfreundin erinnert: „Bei euch gab es immer dieses herrliche französische Essen, Dinge, die im Wien der frühen 1970er-Jahre nicht üblich waren. Avocados gab es bei uns zu Hause vor allem zu Weihnachten, weil sie etwas Seltenes waren. Kaum vorstellbar, wenn man heute erzählt, dass damals nicht alles jederzeit in den Märkten und in Lebensmittelgeschäften erhältlich war. Einmal, das habe ich noch ganz präsent, war ich bei euch und Traudl (Hannahs Mutter, Anm.) sagte: ‚Heute Abend gibt es Avocadosuppe', und ich dachte mir: Avocadosuppe? Es ist doch noch nicht Weihnachten!", erzählt sie lachend.

Nach der Schulzeit und trotz unterschiedlicher Studienfächer und Freundeskreise blieben sie einander auch als junge Frauen stets eng verbunden. Als es ans Heiraten ging, wurden sie füreinander ganz klassisch jeweils Trauzeuginnen, wenn auch nicht beide gleich bei ihrer ersten Hochzeit. „Ich war Michis Trauzeugin, in Venedig, wie unglaublich! Ich war damals schon mit meinem ersten Mann verheiratet, aber Michi war nicht meine Trauzeugin, weil dieser Mann mein Leben ziemlich diktierte. Aber sie war mir eine riesige Hilfe, als ich mich von ihm trennte", erzählt Hannah und ergänzt: „Bei meiner zweiten Hochzeit war Michi dann meine Trauzeugin." Hannah war also ihrer Freundin bei deren erster Hochzeit Trauzeugin, Michaela für Hannah bei deren zweiter. „Und bei meiner dritten Hochzeit habe ich keine Trauzeugen mehr genommen", lacht Hannah, die nun seit vielen Jahren mit ihrem Thomas glücklich ist. Wie Michaela, die nach langjähriger Beziehung vor einiger Zeit noch einmal geheiratet hat.

Keine Paarabende

Wer sich jetzt vorstellt, dass sich die beiden ewigen Freundinnen nun auch regelmäßig mit ihren Partnern gemeinsam, also zu viert, treffen, liegt allerdings falsch. „Wir haben es versucht, aber das war nicht so erfolgreich", kichern beide. Die wenigen Anläufe, als Paare etwas miteinander zu unternehmen, seien dann bald gescheitert, erzählen sie. Wie sollen wir das jetzt am besten umschreiben? Sagen wir so: Zwei Mal ging es darum, dass sich unsere Männer jeweils nicht besonders wohlfühlten und dann gingen. Und anstatt unseren Männern nachzulaufen, blieben wir. Seither sind Paarabende gestrichen. So verfestigte sich mit der Zeit, was die Freundschaft zwischen den beiden Frauen seit ihrer Schulzeit charakterisiert. „Das ist wirklich spannend, es ging in dieser Freundschaft wirklich immer nur um uns beide", resümiert Hannah, „wir führen zwei sehr unterschiedliche Leben, haben unterschiedliche Freundeskreise, und trotzdem sind wir einander unser ganzes Leben lang so wichtig geblieben."

Hannah Lessing machte nach ihrem Wirtschaftsstudium schnell Karriere in einer Bank, doch als sie 1995 erfuhr, dass die Republik Österreich endlich einen offiziellen Fonds für Opfer des

Nationalsozialismus einrichtet, wusste sie sofort, dass sie sich dafür bewerben musste. Als gläubige Jüdin und Bankmanagerin war für sie schnell klar, dass sie diesen Job machen musste, damit ihre Heimat „endlich ehrlich mit diesem Thema umgeht", wie sie einmal in einem Interview für die „Wiener Zeitung"* meinte, in dem sie auch schilderte, wie sie ihren Vater Erich Lessing, der seine Mutter und Großmutter im Holocaust verloren hatte, fragte, was er sich von ihr als Beamtin der Republik Österreich wünschen würde und er ihr mit zwei Fragen antwortete: „Kannst du mir meine Kindheit zurückgeben?" Und: „Kannst du mir meine Mutter aus Auschwitz zurückholen?"

Klarerweise eine Unmöglichkeit, aber seit nunmehr 27 Jahren sorgt Hannah Lessing mit ihrem unermüdlichen Engagement als Generalsekretärin des Nationalfonds für Opfer des Nationalsozialismus dafür, dass Opfer des NS-Regimes zumindest eine Anerkennung beziehungsweise auch eine monetäre „Gestezahlung" bekommen.

Durch ihren Job trat Hannah Lessing auch in die Öffentlichkeit, gab unzählige Interviews zur Aufarbeitung von Österreichs schwieriger Vergangenheit, ist seit Jahren zu Gast in diversen Talk-Formaten und wird durch ihre spannende Familie und ihre eigene Geschichte auch seit Jahren immer wieder selbst zum Gegenstand der Berichterstattung. Berichterstattung, auch für ihre Feundin Michaela. Als Hannah mit 32 Jahren ihre vielversprechende Bankkarriere hinter sich gelassen hatte, porträtierte sie ihre Michi für das Frauenmagazin „Wienerin". „Es ging in dieser Geschichte darum, wie es ist, wenn man mit Anfang 30 sein Leben völlig umkrempelt", erinnert sich die Journalistin, die mit ihrer Volksschulfreundin immer wieder auch beruflich zusammenarbeitet. Aktuell arbeiten die beiden an einem Buch über Traudl Lessing, Hannahs Mutter.

---

* mit Katharina Schnidt, 4.12.2020

In einer anderen familiären Situation vor einigen Jahren war Michi für Hannah eine essenzielle Stütze: „Obwohl meine Mutter eine für mich schwierige Person war, waren ihre letzten acht Monate, in denen meine Geschwister und ich sie zu Hause mit einer 24-Stunden-Pflegerin betreuten, eine wunderbare Gelegenheit, mit ihr zu sein und ihr nahe zu sein. Ich galt immer als der Clown der Familie, der alle zum Lachen bringt. Und als sie mich in ihrer letzten Zeit einmal an der Schulter nahm und zu mir sagte, dass ich ein guter Mensch sei, war das für mich sehr berührend. Und wenn es zu bedrückend und schwierig war, war Michi immer da, ich konnte immer anrufen, immer reden – auch über das Loslassen, über das Sterben der Mutter."

„Ich weiß, du hast gemeinsam mit deinen Geschwistern irrsinnig gekämpft, dass sie unter würdigen Verhältnissen wieder aus dem Pflegeheim nach Hause kommt", ergänzt Michaela, etwa dass für die Mutter daheim alles umgebaut werde. „Ja, wir wollten nicht, dass sie im Heim sterben muss, das war klar. Michi hat mich sehr begleitet, als Mutti im Sterben lag, sie war immer für mich da und oftmals fing sie mich mit einem guten Rat auf", meint Hannah.

Gegenseitig ein wertvolles Korrektiv

Auch für Michaela ist Hannah oft ein wertvolles Korrektiv. „‚Ist das normal?'; ‚Wie war oder ist das bei dir?' – Auf viele wichtige Fragen kann sie mir wertvolle Antworten geben und ich kann besser einschätzen, ob ich irgendwo falschliege oder möglicherweise doch die anderen." Denn den langjährigen Freundinnen ist es enorm wichtig, miteinander ehrlich zu sein und sich auch nicht zu schonen, wenn es nötig erscheint. „Mein Beschützerinstinkt Michi gegenüber hat nie dazu geführt, dass ich sie in allem, was sie gesagt oder getan hat, bestärkt habe. Im Gegenteil, ich glaube, dass wir uns Dinge gegenseitig auch sehr klar sagen und wenn es sein muss auch deutlich à la: „Nein, das ist ein Scheiß, wenn du das machst", schmunzelt sie. „Teilweise haben wir uns auch schon Sachen gesagt, wobei sich andere vielleicht denken, dass sie dafür keine Freundin bräuchten, die soll mir doch immer sagen, dass ich es gut mache. So ticken wir einfach nicht, wir haben da miteinander manchmal sehr harte Realitäten", meint sie und wird von ihrer Freundin darin unterstützt. „Das ist auch beruflich so", ergänzt Michaela. „Meine Branche, der Journalismus, hat sich in den vergangenen 15 Jahren stark verändert – nicht immer zum Besseren, wie ich finde. Wenn ich mich falsch verstanden gefühlt oder geärgert habe und mir Luft machen musste, habe ich mich vorher mit Hannah ausgetauscht. Ich bin sehr direkt, schon freundlich, aber geradeheraus. Und da frage ich gern im Vorfeld bei ihr nach, ob es einen diplomatischeren Weg gäbe, etwas auszudrücken. Da sie ja in der Politik tätig ist, weiß sie oft besser als ich, wie man eine Botschaft platziert, ohne den anderen vor den Kopf zu stoßen."

Interessant sind auch die absolut unterschiedlichen Lebenskonzepte der Freundinnen – Michaela ist Mutter eines Sohnes, Hannah bekam keine Kinder. Lange Strecken ihres Lebens lebte Michaela weitgehend ohne Partner, selbst als sie verheiratet war, weil ihr damaliger Mann nicht ständig in Wien war. „In meiner ersten Ehe sahen wir uns vor allem am Wochenende. Das ging gut, weil wir beide unsere Freiräume brauchten. Am Ende sind wir dann doch gescheitert. Natürlich habe ich viel von Hannahs Beziehung zu ihrem jetzigen Mann mitbekommen, die ganz anders ist. Und ich dachte mir immer: Wahnsinn, wie schafft sie das, dieses 24/7-Modell? In meiner jetzigen Ehe ist das natürlich genauso (*lacht,* Anm.). Hannah hat mich mit ihrer Weisheit und Erfahrung gelehrt, die andere, männliche Seite besser zu sehen, was ich früher nicht so gut konnte, wie ich dachte."

Auch was die Gestaltung des Alltags betrifft, entwickelten die beiden Freundinnen sehr unterschiedliche Konzepte. Michaela lebte lange in einer Art „Open House“, wie sie es selbst formuliert. „Jeder konnte kommen, es wurde oft gekocht oder FreundInnen konnten immer bei mir auf ein Glas Wein vorbeikommen.“

Hannah lebte und lebt in ihren Beziehungen immer sehr zurückgezogen, ganz auf die Zweisamkeit konzentriert. „Mein Mann und ich laden sehr selten Freunde ein. Wir haben auch keinen wirklich gemeinsamen Freundeskreis. Wir sitzen im Sommer gemeinsam am Teich und genügen einander“, lacht sie. „Vielleicht ist das ja auch so, weil ich in einem Haushalt aufgewachsen bin, wo es keine Sicherheiten gab, aber immer viele Gäste. Es war immer jemand da, als Familie waren wir nie unter uns. Vielleicht lebe ich deshalb jetzt genau das Gegenteil.“ Wobei auch ihr fordernder Job und vor allem das schwere Thema, die ständige Konfrontation mit den Gräueln des Nationalsozialismus, dazu beitrügen, dass sie privat den Rückzug brauche. „Ich kann so leben, weil ich mit Michi eine wirklich enge und wichtige Freundin habe. Mein Leben mit meinem Mann genieße ich total und ich muss privat nicht ständig aktiv sein, ich muss beruflich so viel unterwegs sein“, meint die Generalsekretärin des Nationsfonds der Republik Österreich für Opfer des Nationalsozialismus.

Neben Michaela Ernst nennt sie ihre Cousine als weitere wichtige Freundin, die aber im Ausland lebt, wodurch sich eine ganz andere Verbundenheit und andere Themen ergeben. Michaela wiederum hat mehrere sehr gute Freundinnen und Freunde. „Aber zu fast niemandem habe ich eine so enge und unkomplizierte Beziehung wie zu Hannah. Selbstverständlich gab es zwischen den beiden, die als Ausgleich für ihre anstrengenden Berufe früher auch gerne mal miteinander bummeln oder shoppen gingen, so manches kleine Missverständnis, aber das wurde so schnell es ging ausgeräumt. „Gab es irgendeine Schieflage, wurde das von uns immer sofort geklärt. Das ist sehr wichtig und auch der Grund für unsere ehrliche, direkte und unkomplizierte Freundschaft.“

Der Traum von der Alters-WG

Als vor diesem Gespräch beide unabhängig voneinander von mir die Frage gestellt bekamen, was ihrer Meinung nach die andere besonders an ihr schätze, gab es in ihren jeweiligen Antworten durchaus Überschneidungen. Michaela antwortete, dass Hannah wohl vor allem ihre Loyalität, ihre Ehrlichkeit und ihre Herzlichkeit schätze. Hannah wiederum antwortete auf diese Frage: „Hoffentlich weiß Michi, dass ich immer für sie da bin."

Und das soll auch bis ins hohe Alter so bleiben, wenn es nach den beiden geht – die sich auch schon über die oft unter Freunden besprochene Alters-WG ausgetauscht haben. „Ja, natürlich haben wir auch das schon einmal angesprochen", lachen beide. „Und ich hätte das auch wirklich wahnsinnig gern", ergänzt Hannah, die schon ganz genau weiß, wie so eine WG auszusehen hätte: „Auf jeden Fall am Meer." „Absolut, in Südfrankreich vorzugsweise", fügt Michaela hinzu. Ähnlich wie in der Serie „Grace and Franky". „So sehe ich uns", sagt Hannah, „wir sitzen da mit Margaritas. Die eine spinnert auf ihre Weise. Die andere spinnert auf die andere Weise. Zwei sehr unterschiedliche Charaktere." Ein stimmiges Bild für diese beiden Ewigfreundinnen ...

Arash T. Riahi, Arman T. Riahi & Azadeh T. Riahi

GESCHWISTER UND FREUNDE

Mit wahrscheinlich niemand anderem hat man – umgelegt auf das gesamte Leben – eine längere Beziehung als mit seinen Geschwistern. Was in den meisten Fällen ein Segen, in manchen ein Fluch, aber keinesfalls immer das reine Glück ist. Außer, wenn Geschwister zugleich auch richtige oder sogar beste Freunde und Freundinnen sind, wie im Fall der Geschwister Riahi, die zweifelsohne ihre besondere Familiengeschichte so eng zusammenschweißte. „Ich glaube, unser freundschaftliches Miteinander hat auch mit dieser Sehnsucht nacheinander zu tun, die ich als Ältester ganz bewusst und meine jüngeren Geschwister möglicherweise unbewusst gespürt haben, als wir als Kinder getrennt wurden", erklärt der preisgekrönte Filmemacher Arash T. Riahi, warum sowohl er als auch seine jüngere Schwester und der jüngste Bruder sich gegenseitig nicht nur als Geschwister, sondern auch als wichtige Freunde wahrnehmen.

„Als meine Eltern 1982 aus dem Iran flüchteten, konnten sie nicht alle Kinder mitnehmen. Das wäre unmöglich und viel zu gefährlich gewesen, die beiden waren damals noch Kleinkinder. Und so flüchteten sie zunächst nur mit mir, dem zehnjährigen Kind. Es war absolut nicht klar, ob wir diese Flucht überleben würden, meine Eltern mussten ihre jüngeren Kinder vorerst zurücklassen, um sie zu schützen. Ich erinnere mich sehr bewusst an diese abenteuerliche Flucht, aber auch daran, wie sehr ich meine Geschwister vermisste. Es war ein vages Gefühl von Vermissen, von Ungerechtigkeit, warum das so sein musste und natürlich auch die Sorge, dass meinen Geschwistern im Iran etwas

Hielten von klein auf in neuer Heimat fest zusammen

Schlimmes zustößt, die meine Eltern damals natürlich noch tausendmal mehr plagte als mich.

Man muss auch bedenken, in welcher Zeit das war: Anfang der 1980er-Jahre. Da gab es kein Handy, man konnte nicht dauernd miteinander kommunizieren. Das bedeutete auch, dass wir mit meinen Geschwistern keinerlei Kontakt haben konnten, als sie sich ein Jahr später auf den Weg zu uns machten. Zwischen ihrem Aufbruch im Iran bis zu ihrer Ankunft in der Türkei hatten wir absolut kein Lebenszeichen von ihnen. Diese zehn Tage, in denen sie in Begleitung eines Cousins und eines Freundes der Familie mit Schleppern über die Berge in die Türkei unterwegs waren, waren der absolute Horror!", erinnert sich der Älteste der drei Geschwister. „Ein blauer Kindersocken und ein Stofftaschentuch, waren das Einzige, was wir von ihnen mitnehmen konnten. Meine Eltern und ich rochen immer daran, um ihren Geruch zu spüren. Irgendwann waren sie aber so schmutzig, dass wir sie waschen mussten. Ich weiß noch genau, wie wir sie gewaschen, aufgehängt und gebügelt haben. Der Geruch war dann zwar weg, aber sie waren bereit, wieder angezogen und verwendet zu werden. Das war genau dort drüben, in unserer ersten Wohnung", erzählt er und zeigt über den Donaukanal, an dessen Ufer wir uns verabredet haben, um die drei zu fotografieren und um über ihre besondere Geschwister-Freundschaft zu sprechen.

„Die Flucht aus dem Iran hatte auf jeden von uns andere Auswirkungen im Leben. Was mich betrifft, hat das eine Art Beschützerinstinkt gegenüber meinen kleineren Geschwistern ausgelöst. Ich wollte immer, dass sich Azadeh und Arman keine Sorgen machen", weshalb sich der große Bruder oft und in unterschiedlichsten Situationen schützend vor seine Geschwister stellte, Fälschen der elterlichen Unterschrift für die Schule inklusive, aber dazu später. Der um neun Jahre jüngere Arman kann sich an die gefährliche Flucht überhaupt nicht erinnern, Schwester Azadeh nur sehr punktuell. „Ich kann mich an erste Momente in unserer neuen Wohnung hier in Wien erinnern, an erste Momente mit meinen Eltern, mit Arash. Aber überhaupt nicht daran, wie wir hier angekommen sind. Von der Flucht weiß ich nur eine kurze Sequenz in den Bergen, als Arman weinte und ich zu ihm sagte: „Sei still, sonst kommt der Chomeini", lacht sie. „Ich war damals vier und er zwei Jahre alt." Nach angstbesetzten Jahren im Iran, wo ihre Eltern, beide Lehrer von Beruf und beide linksintellektuelle Schah-Gegner als politische Häftlinge im Gefängnis saßen und ihre Mutter gar bereits zum Tode verurteilt war, fand die Familie nach einer dramatischen Flucht in Wien eine neue Heimatstadt, in der sie als Kinder anfangs Außenseiter waren, was dazu führte, dass sich die drei Geschwister überproportional wichtig waren und sich gemeinsam stärker fühlten.

„Unser Ideal war und ist, dass wir alle zusammen sind, was wir natürlich nicht schaffen und was schwieriger wird, je älter wir werden und noch schwieriger wurde es, als wir unsere eigenen Familien gründeten. Aber in unserer Kindheit war das essenziell. In der Schule gab es in unseren Klassen zwei, drei Ausländer, da ist man automatisch Außenseiter", meint Drehbuchautor, Regisseur und Filmproduzent Arash T. Riahi, der seit vielen Jahren auch beruflich eng mit seinem Bruder Arman zusammenarbeitet.

Gemeinsame Arbeit

Mit ihrem gemeinsamen Film „Die Migrantigen" wurden die „Riahi-Brothers" in Österreich einem großen Publikum bekannt, inzwischen zählen die beiden zu den wichtigsten Filmemachern des Landes. Arashs T. Riahis Spielfilmdebüt „Ein Augenblick Freiheit", in dem er die eigene Fluchtgeschichte filmisch verarbeitete, wurde unter anderem mit dem Wiener Filmpreis ausgezeichnet. Teil zwei seiner „Flucht-Trilogie", der 2020 veröffentlichte Film „Ein bisschen bleiben wir noch", bekam unzählige Preise, darunter den Österreichischen Filmpreis 2021 und den Publikumspreis des Max Ophüls Filmfestivals 2020. Arman T. Riahi wiederum war als Regisseur des Kinofilmes „Fuchs im Bau“ im Rampenlicht, sein Film wurde ebenfalls mit unzähligen Filmpreisen, unter anderen beim Max Ophüls Filmfestival ausgezeichnet und lief höchst erfolgreich in den heimischen Kinos. Gemeinsam produzierten die beiden Brüder zuletzt 2022 den ORF-Weihnachtsfilm „Schrille Nacht“ unter der Regie von Miriam Unger.

„Natürlich dachte ich mir in den letzten Jahren ab und zu: Wie cool, dass die beiden auch so eng zusammenarbeiten, dass sie einander auch als berufliches Back-up haben“, meint Schwester Azadeh. „Natürlich fehlt mir das, als Ärztin habe ich einen völlig anderen Beruf als meine Brüder. Und natürlich haben die beiden durch ihre berufliche Zusammenarbeit viel mehr Kontakt zueinander als ich zu ihnen. Außerdem haben sie sich gemeinsam ein Haus gekauft, wo sie nun seit etwa zehn Jahren, wenn auch in getrennten Wohnungen, doch miteinander wohnen. Das ist ihr Privileg, aber ich kann damit gut umgehen. Seitdem ich meine inzwischen sechsjährigen Zwillingsbuben habe, fehlt mir oft die Zeit, um so regelmäßig wie früher mit meinen Brüdern zu telefonieren oder sie zu treffen.“

Wobei das mit dem Telefonieren so eine Sache sei, ergänzt schmunzelnd Bruder Arman in Richtung des Ältesten, den die beiden jüngeren Geschwister gemeinsam liebevoll dafür rügen, dass er in dieser Beziehung nicht unbedingt der Verlässlichste von den Dreien sei. „Bevor wir hier in Details gehen“, lacht dieser, „möchte ich festhalten, dass ich jeden Tag mit meinen Eltern telefoniere und so wisst auch ihr immer, was bei mir los ist“, beendet er eine freundschaftliche Geschwisterdiskussion darüber, wer wann am besten für die anderen erreichbar sei, bei der sich alle drei lachend ins Wort fallen und es sichtlich genießen, einander auf der Schaufel zu haben. Mit Humor sei das Leben soundso am besten zu meistern, sind sich alle drei einig, das habe ihnen ihre Mutter ganz wesentlich mit auf den Weg gegeben. Und mit guten Freundschaften. Bei ihren Eltern seien immer viele Freunde zu Besuch gewesen, erinnern sich die Geschwister.

„Wir konnten nicht auf Besuch in den Iran fahren und nur ganz selten konnten uns Verwandte aus dem Iran in Österreich besuchen. Aber bei uns zu Hause waren immer viele Freunde, das hat sehr viel Freude und Lebendigkeit in unser Leben gebracht", erinnert sich Arman, „Immer waren Gäste da, oft waren wir bei anderen zu Besuch, schliefen dort auf der Couch, wenn wir länger blieben. Das Leben war sehr reich durch diese Freundschaften. Ich denke, daher kommt auch, dass mir meine Freundinnen und Freunde sehr wichtig sind. Und es war bei uns auch immer so, dass sich die Freundeskreise meines Bruders oder meiner Schwester mit meinem überschnitten. Vor allem seit wir alle erwachsen sind und der Altersunterschied zwischen uns nicht mehr bedeutend ist."

Als er klein war, waren seine Geschwister immer wie seine Komplizen, meint der Jüngste, was sich als besonders praktisch erwies, als sein Bruder bereits in eine eigene Wohnung gezogen war. „Das war genial für mich. Arash war oft die beste Ausrede oder der beste Zufluchtsort", lacht er. „Er hat uns immer gedeckt", ergänzt seine Schwester. „Also, er war wirklich der beste große Bruder, den man sich vorstellen kann." „Stimmt", freut sich Arman und fügt verschmitzt hinzu: „Er war auch immer ein Mann der vielen Talente. Er kann zum Beispiel kalligrafisch schreiben. Das kam seinen Geschwistern sehr zugute, wenn sie eine Unterschrift für die Schule brauchten", lacht er und weiß dabei, dass die Eltern genau dieses Komplizentum unter ihren Kindern förderten, ja manchmal auch bewusst damit spielten und so sicherlich den Grundstein für ihre besondere Geschwisterliebe und Freundschaft legten.

„Da meine Schwester und ich uns altersmäßig näher sind, teilten wir uns ein Zimmer. Arash, der doch einiges älter ist als wir, durfte ein eigenes Zimmer haben. Wir zwei Jüngeren schauten also auch immer gemeinsam fern, liebten dieselben Serien. Aber wir schauten uns auch oft zu dritt Filme an“, erinnert sich Regisseur Arman T. Riahi, der in der Schule gemeinsam mit Freunden erste Filme mit der Videokamera drehte, auch inspiriert durch Bruder Arash, der sich auch bereits während seiner Schulzeit für das Medium Film begeisterte. „Dabei gingen wir alle drei in ein Realgymnasium, mit Schwerpunkt Naturwissenschaften. Wobei mich das immer mehr interessierte als meine Brüder“, meint Azadeh, die seit vielen Jahren als Hautärztin erfolgreich tätig ist. Bruder Arash begann nach der Matura ebenfalls ein Medizinstudium und alle drei erinnern sich gut, dass die Eltern „not amused“ waren, als er damit aufhörte, um doch seiner Leidenschaft nachzugehen und Film- und Medienwissenschaften studierte, was als brotloses Studium galt und gilt, weshalb sich die Eltern damals Sorgen machten.

Die Leidenschaft für Filme entstand bei Arash aber bereits im Iran. „Als mein Vater aus dem Gefängnis freikam, schauten wir uns einmal die Woche gemeinsam einen Film an – im iranischen Fernsehen wurde damals immer nur ein Spielfilm pro Woche gezeigt. Am Wochenende ging ich dann mit meinen Freunden ins Kino“, erzählt Arash, der derzeit gemeinsam mit der Schauspielerin Verena Altenberger Präsident der Akademie des Österreichischen Films ist. „Die letzten sechs Monate im Iran lebten wir versteckt im Untergrund. Damit den Nachbarn nicht auffiel, dass bei uns irgendetwas nicht stimmte, verließen wir in der Früh das Haus. Oft gingen wir dann ins Kino und schauten irgendwelche iranischen Filme an, viel Blödsinn auch, aber das hat mich sicherlich beeinflusst.“

Auch in Wien, erinnern sich die Riahi-Geschwister, schauten sie als Kinder sehr gerne und oft miteinander Filme an. „Arash hat uns da als Ältester sozusagen filmemäßig erzogen, ob wir es wollten oder nicht“, erinnert sich Arman lachend. „Ich war als Schüler ein Fan von Science-Fiction- aber auch von Arthouse-Filmen. Aber die wurden im TV immer erst sehr spät am Abend oder in der Nacht gespielt", setzt Arash fort. „Wir hatten aber keinen Videorekorder, das konnten sich damals nur wohlhabende Menschen leisten. Also bat ich zuerst Freunde, mir diese Filme aufzunehmen. Später hatten wir dann einen Videorekorder, aber nur einen im Zimmer meiner Eltern. Also schnitt ich immer das Fernsehprogramm aus und bat meine Eltern, die interessanten Filme für mich aufzunehmen, was sie auch immer taten, aber sie beschwerten sich auch darüber, dass der Videorekorder oft mitten in der Nacht anging und sie dadurch aufwachten", lächelt er. „Mein Maturageschenk war dann ein Top-Videorekorder mit Longplay-Modus und allem, was damals State of the Art war."

„Western-Filme haben wir als Kinder auch oft angesehen", ergänzt Arman. „Auch viele Disneyfilme, wie ‚Das letzte Einhorn' oder so", meint er ironisch über seinen kindlichen Filmgeschmack, der seinem älteren Bruder nicht immer gefiel, weshalb dieser durchaus das eine oder andere Mal eingriff. „Arash kam dann und drehte diese schlechten Filme einfach ab," lacht der jüngere Bruder. Auch Schwester Azadeh sah in der Kindheit oft mit ihren Brüdern Filme an. „Wobei das Interessante an Azadeh war, dass sie eigentlich immer viel reifer war, als ihrem Alter entsprach", meint der große Bruder, „sie wollte immer das, was wir Älteren taten. Mit zwölf Jahren las sie zum Beispiel Shakespeare, aber sie wollte auch schon sehr früh ausgehen, sie war unser Partygirl", sagt er mit einem schelmischen Lachen Richtung seiner Schwester, um aber sofort wieder ernst zu werden und hinzuzufügen: „Im Nachhinein denke ich, dass uns durch unsere Geschichte auf jeden Fall ein bisschen Kindheit weggenommen wurde. Wir erlaubten uns wenig, uns mit den Oberflächlichkeiten des Lebens zu befassen. Diese Unbedarftheit, die Kinder ausmacht, die hatten wir durch die Flucht verloren."

Prägende Fluchtgeschichte

Und der jüngste Bruder ergänzt: „Ich kann mich zwar nicht so bewusst an all das erinnern wie mein Bruder und ich habe nicht, so wie er, meinen Vater im Gefängnis besucht. Trotzdem prägte unsere Familiengeschichte auch uns jüngere Geschwister. Als wir dann in Österreich lebten, waren wir trotzdem anders als die anderen Kinder, weil wir ein anderes Innenleben hatten." Möglicherweise hätten sie auch deshalb als Kinder nicht so viel untereinander gestritten wie ihre österreichischen oder nicht-persischen Freunde. „Mich wunderte das als Kind immer total, wie das bei anderen Kindern war. Wir drei waren von klein auf immer harmonischer als andere Geschwister", meint Arman.

Das Exilleben und die Fluchtthematik prägte alle drei und führte zu einer besonderen Verbundenheit. Das kristallisiert sich immer wieder heraus, wenn die drei Geschwister darüber nachdenken und reden, warum sie sich ganz klar auch als Freunde empfinden, die manches Mal vielleicht sogar ein wenig „zu eng" wären. Während ihrer Gymnasialzeit machten beide Brüder bereits erste Schritte in Richtung ihrer späteren Berufe. „Arman hatte als Schüler schon ein großes Talent für das Schreiben. Ich erinnere mich gut daran, wie das sein Deutschlehrer immer lobte. Studiert hast du dann trotzdem nicht Germanistik, sondern Grafikdesign", lacht Bruder Arash, der in der Schule das Freifach Medienkunde belegte und gemeinsam mit einem Schulfreund seinen ersten Kurzfilm drehte.

„Mein erster Film war ein 35-minütiger schlechter Film namens ‚Verloren'. Mit Musik von Philipp Glas. Unglaublich intellektuell kamen wir uns damals vor", zerkugelt er sich. Jahre später ging Bruder Arman in dasselbe Freifach und verfilmte gemeinsam mit zwei Schulkolleginnen eine Persiflage auf die Krimiserie „Kommissar Rex". „Mein Frühwerk, das wirklich niemand sehen will, hieß ‚Rex Large, tödliche Leidenschaft'. Ich musste Regie führen", kichert Arman. „Aber durch den Schnitt dieses Filmes in der

Schule ist meine Filmleidenschaft geweckt worden!" Sein Talent fürs Schreiben nützt er inzwischen als erfolgreicher Drehbuchautor, unter anderem für den Kassenschlager „Die Migrantigen".

Ob als Regisseure, Drehbuchautoren oder Produzenten unterstützen die „Riahi-Brothers" einander seit Jahren gegenseitig bei ihren Filmproduktionen, die immer eine Person ganz früh zu sehen bekommt: Schwester Azadeh. „Ich bekomme die Drehbücher zu lesen. Auch die Rohschnitte zu sehen. Ich bin sicher eine der allerersten, die zu sehen bekommt, was meine Brüder produzieren", freut sie sich, „Das hat sicher mit dem großen Vertrauen zu tun, das wir ineinander haben.

Auch seitdem wir nicht mehr gemeinsam zu Hause bei unseren Eltern leben, gehen wir in gewisser Weise gemeinsam durch das Leben. Ich denke, das wurde sogar stärker, seitdem jeder von uns seinen eigenen Weg zu gehen begonnen hat. Wir haben dieses ultranahe freundschaftliche Verhältnis, das für jeden von uns wie ein Sicherheitsring ist. Wie ein Back-up, das uns sicher macht", meint die Ärztin, die als erste der Geschwister ihre eigene Familie gründete.

„Seitdem ich nun auch Vater bin, habe ich nicht mehr ganz so viel Zeit für meine Geschwister und meine Freunde. Wobei ich eigentlich seit einigen Jahren schon ein extrem dichtes Programm habe, wo es oft schwierig ist, Zeit zu finden, um Freundschaften zu pflegen. Ich schaffe das sicher nicht immer ausreichend", analysiert Arash selbstkritisch. „Aber das Schöne ist, dass ich Freunde habe, die ich vielleicht alle zwei, drei Jahre sehe, bei denen ich aber weiß, dass wir eine derart enge Verbindung haben, dass es in dem Moment, in dem wir uns sehen, wieder so ist wie immer. In richtigen Freundschaften geht es ja auch nicht vor allem darum, dass man sich permanent sieht", meint der Filmemacher, „Und mit meinen Geschwistern gibt es dann noch einmal eine andere Stufe der Verbundenheit. Mit ihnen kann ich über alles reden, was ich mit anderen Freunden nicht unbedingt kann."

Und trotzdem kenne er als Ältester auch das Gefühl, dass es „manchmal zu eng" sein könne. „Ich merke das jetzt, weil ich die letzten 40 Jahre immer für meine Geschwister da war. Wenn du dann aber deine eigene Familie hast, kannst du nicht immer für sie da sein. Aber es gibt diese Erwartungshaltung ihrerseits, der ich nicht immer entsprechen kann. Ich will meinen Geschwistern nicht weh tun! Ich versuche, eine Balance zu finden, vielleicht sind wir auch gerade dabei, uns miteinander neu zu definieren, seitdem ich andere Verantwortungen bekommen habe", meint der Vater einer knapp zweijährigen Tochter, der davon schwärmt, wie die geschwisterliche Verbundenheit auch auf die nächste Generation übergeht. „Als meine Schwester ihre Zwillinge bekam, spürte ich sofort so viel Liebe für die beiden. Die Liebe zu den Kindern der Geschwister, das ist etwas ganz Besonderes! Wobei, vielleicht ist das ja generell auch mit Kindern von Freunden so, es gibt sofort eine unfassbare Verbundenheit mit diesen Kindern."

„Also ich finde es cool, dass ihr beide, meine Geschwister und besten Freunde, schon Kinder habt", bringt sich Arman ein. „Das nimmt mir auch ein bisserl Druck", lacht der Jüngste im Bunde, der von den beiden Älteren für diese Meldung nicht nur einen scherzhaften Kommentar à la „Du kannst einfach genießen" oder „Du kannst eh noch immer überlegen und keine bekommen" erntet. „Also, was wirklich nervig ist: Jeder von uns hat immer Tipps für die oder den anderen parat", schüttelt Arash lachend den Kopf. „Wir sind alle drei furchtbare Tipp-Geber", stimmt Azadeh ein. „Mein Freund beispielsweise findet das manchmal richtig nervig. Du kannst nicht einfach nur von etwas erzählen, du bekommst sofort einen guten Tipp obendrauf", lacht sie.

Das Gemeinsame steht im Mittelpunkt

Wenn es aber wirklich ein Problem gebe, oder einer von ihnen Hilfe oder Unterstützung brauche, dann würden sie selbstverständlich ernsthaft miteinander Probleme wälzen und auch gemeinsam nach Lösungen suchen. „Die Welt oder die Kultur, aus der wir kommen, ist nicht individualistisch. Das hat auch mit der Erziehung unserer Eltern zu tun“, gibt Arash als eine Erklärung an, warum das Gemeinsame bei ihnen stets über dem Wohl des Einzelnen stand. „Unsere Eltern haben uns nie vermittelt, dass das Ego wichtig ist. Als politisch links orientierte Menschen stand für sie immer das Wohl der Gesellschaft im Vordergrund. Das hat uns alle drei sehr geprägt und ist wichtig für unsere Arbeit, aber auch für unsere Freundschaften. Selbstverständlich kommt bei jedem von uns immer wieder auch das Ego raus, wichtig ist aber, dass es die Freundschaft nicht stört. Ein großer Vorteil dieses Konzepts ist meiner Meinung nach, dass man mit einer großen Empathie und viel Liebe auf die Welt zugeht, wenn man sich selbst nicht in den Vordergrund stellt“, meint der dreifache „Romy“-Preisträger, der selbst vor allem einen Anspruch an seine Filme hat: die Menschen im Herz und im Kopf zu berühren.

Mit Geschichten, die oft das wahre Leben schreibt, wie die Lebensgeschichte von Vizeleutnant Charles Eismayer und Major Mario Falk, die sich beim Bundesheer ineinander verliebten und deren Geschichte von Regisseur David Wagner verfilmt und von Arash T. Riahi produziert wurde. „Eismayer“ eroberte nicht nur bei seiner Premiere bei den Filmfestspielen in Venedig Kritik und Publikum, für den österreichischen Filmpreis 2023 wurde er gleich siebenmal nominiert.

Eine weitere Erfolgsgeschichte, die wie die anderen Filmproduktionen der „Riahi-Brothers“ diese auch zu begehrten Gästen auf den wichtigsten internationalen Filmfestivals werden ließ. Zeit für Familie und Freunde ist durch die vielen Erfolge rar geworden, aber nicht weniger wichtig. „Alles, was wir tun, inkludiert auch immer unsere Familie. Und unsere Freunde. Man sieht uns weniger als Einzelfiguren, man sieht uns oft als Gruppe. Auch bei Kinopremieren, wenn immer sie Zeit haben, sind unsere Eltern da, ist unsere Schwester da“, meinen Arash und Arman unisono am Ende unseres Gesprächs über die besondere Freundschaft zwischen den drei Riahi-Geschwistern, die nach einer Stunde alle drei von ihren Mobiltelefonen zum Aufbruch ermahnt werden, wo inzwischen unzählige Nachrichten oder Erinnerungen an Termine zwischen Business-Besprechungen bis Kinder aus dem Kindergarten abholen eingetrudelt sind.

Freundschaft, meinen sie beim Verabschieden, sei natürlich auch ein großes Thema im Kino. Wobei oft die Nebenfiguren die Freunde oder Freundinnen seien, die helfen, die Hauptgeschichte zu erzählen. Wie auch in Arash T. Riahis Film „Ein bisschen bleiben wir noch“, einem der berührendsten der Riahi-Filme, nicht nur aus persönlichen Gründen der Autorin ...

EIN GROSSES DANKESCHÖN

Die Arbeit an einem Buch gelingt nie allein, deshalb möchte ich mich am Ende noch bei einigen Menschen ganz, ganz herzlich bedanken!

Allen voran bei der Fotografin dieses Buches: Marnie Wilkinson. Als mir meine Tochter von einer ihrer Freundinnen erzählte, die die Höhere Graphische Bundes-Lehr- und Versuchsanstalt mit Schwerpunkt Fotografie besucht, begann ich gerade mit meinen Recherchen zu diesem Buch und nach und nach verfestigte sich die Idee, mit einer jungen Fotografin und Freundin meiner Tochter zusammenzuarbeiten. Also schaute ich mir Marnies Fotos genauer an, war begeistert und wirklich beeindruckt, was sie damals mit gerade mal 16 Jahren schon konnte. Und so fragte ich Marnie, die ich zuvor nie persönlich getroffen hatte, ob sie sich vorstellen könnte, für mein neues Buch über FreundInnen zu fotografieren. Ich denke, sie war gleichermaßen überrascht wie begeistert und sagte umgehend zu. Schon ab unserer ersten Besprechung gestaltete sich die Zusammenarbeit absolut professionell und großartig. Und so zogen wir gemeinsam los: Marnie mit Kamera, Licht, manchmal auch Stativ und ich mit meinem kleinen roten Notizbüchlein und meinem Handy, mit dem ich die langen Interviews aufnahm.

Als ungleiches Paar kamen wir zu den Terminen mit bekannten Persönlichkeiten, die aufs Erste sicherlich über meine blutjunge Fotografin überrascht waren, sie aber alle mit großer Offenheit und größtem Vertrauen empfingen. In den knapp zwei Jahren, die dieses Projekt dauerte, wurden wir ein richtig gutes Team!

Wenn das Buch erscheint, beginnt Marnie gerade mit ihrer Maturaklasse. Ich wünsche ihr das Beste für dieses stressige Jahr und freue mich auf die vielen Fotos, die sie sicher noch machen wird, und wer weiß, vielleicht führt uns die Arbeit wieder einmal zusammen, eine schöne Arbeitsfreundschaft bleibt auf jeden Fall!

Dass ich dieses Buch überhaupt realisieren konnte, dafür möchte ich mich ganz herzlich bei Ueberreuter-Verlagsleiterin Birgit Francan bedanken. Sie gab mir die Möglichkeit, meine Idee umzusetzen und ermutigte mich mit ihrer Empathie und Fröhlichkeit in vielen Besprechungen, dass Freundschaft ein schönes Thema für ein Buch und in unserer Zeit ist. Die Chemie zwischen uns hat von Anfang gestimmt, wie schön, dass wir auch Zeit finden konnten, das eine oder andere feine private Gespräch bei einem guten Glas Wein zu führen.

Ein besonderer Dank gebührt Projektleiterin und Lektorin Marina Hofinger, die mich liebevoll und mit professioneller Ruhe begleitet und mit ihrem großen Know-how beraten hat.

Ein herzliches Dankeschön für das gelungene Layout an Lisa Wilfinger und für das schöne Cover an Saskia Beck.

Wenn ein Buch fertig geschrieben ist, freut man sich als Autorin natürlich sehr, wenn es auch medial wahrgenommen wird – herzlichen Dank an Maria Tutschek für ihr Engagement bei der Pressearbeit.

Auch bei allen anderen Ueberreuter-Mitarbeiterinnen, die in der einen oder anderen Weise für dieses Buch mitgearbeitet haben, möchte ich mich ganz herzlich bedanken – last, but not least bei der Frau, die sozusagen das letzte Wort hatte, bevor das Buch in Druck ging, bei Korrektorin Karin Leherbauer.

Von der Recherche über die Interviews bis zum Schreiben stecken viele Arbeitsstunden in diesem Buch, die mit meinem Hauptjob als Moderatorin des ORF 2 Infotainment-Magazins „Studio 2“ koordiniert werden mussten. Beim gesamten Team meiner Sendung möchte ich mich herzlich für Verständnis und

Entgegenkommen bedanken und überhaupt für die wunderbare Zusammenarbeit, die ich sehr schätze!

Ganz am Ende geht mein persönlichster und damit wichtigster Dank an meine Liebsten. An den wunderbaren Mann an meiner Seite, der nicht nur stets größtes Verständnis hatte, wenn ich an Abenden und Wochenenden geschrieben habe, sondern der mir als allererster Leser mit seinem Feedback wirklich sehr geholfen hat. Danke dafür und für so vieles mehr!

An meine liebe Tochter, mit der ich vor allem im Finish des Buchschreibens öfter gemeinsam an unserem langen Küchentisch saß – sie am unteren Ende für die Matura lernend, ich am oberen Tischende die letzten Geschichten schreibend. Wie schön, dass sie jetzt endlich frei von Schule und für ihre vielen Talente ist!

Und natürlich bei meinen engen Freundinnen und Freunden, die mein Leben so bereichern und die auch rund um dieses Buch wichtige Stützen für mich waren!

Ja, und dann bleibt noch das Thema Gendern – ein wichtiges Thema, aber auch eine Gratwanderung, wo es meiner Auffassung nach immer wichtig ist, die Balance zwischen gendergerechter Sprache, Lesbarkeit und Schönheit unserer Sprache zu finden. Und wo meiner Meinung nach im Deutschen noch keine wirklich gute und endgültige Lösung gefunden wurde. Deshalb habe ich in diesem Buch keine einheitliche Genderregel angewandt, sondern mich diesem Thema auf unterschiedlichen Wegen genähert – mal mit dem Binnen-I, mal indem ich weibliche und männliche Form verwendet habe, manchmal ausweichend. Auf jeden Fall immer mit großem Bewusstsein und auch meinem überzeugten Anliegen, dass Frauen in Sprache genauso wahrgenommen werden wie Männer. Und dass alle für dieses Buch befragten Expertinnen Frauen sind, ist auch kein Zufall ...

Über die Autorin

Birgit Fenderl, studierte Romanistin und Politologin, arbeitet seit 30 Jahren als Journalistin im ORF. Nach „ZIB 3", dem Innenpolitikmagazin „Report" und den Tagesausgaben der „Zeit im Bild" moderiert sie aktuell das Infotainment-Magazin „Studio 2" in ORF 2 sowie regelmäßig royale Großevents.

Fenderl, die auch als FH-Lektorin für Journalismus tätig ist, konzentrierte sich in ihren Büchern bisher auf Frauenthemen. Die gebürtige Salzburgerin lebt in Wien und im Burgenland.

Über die Fotografin

Marnie Wilkinson, in Wien geboren, besucht die Höhere Graphische Bundes-Lehr- und Versuchsanstalt in Wien, Schwerpunkt Fotografie und audiovisuelle Medien. Dies ist ihre erste Veröffentlichung, ihre Fotos sind auf Instagram unter @marniesportraits zu finden.